suhrkamp taschenbuch 4461

Es fängt mit den berüchtigten Dreimonatskoliken an – Abend für Abend windet sich die neugeborene Tochter des Erzählers in Krämpfen. Bis ein Gegenmittel gefunden wird: die Lieder von Neil Young. Für Vater und Tochter beginnt eine Reise durch den Kosmos des kanadischen Musikers hin zu den verlorenen Illusionen und flüchtigen Augenblicken des Glücks.

»Dieser fremde, fast behaviouristische Blick auf das ansonsten enorm Vertraute, die ständige Verschlingung von Geisteswissenschaft (hier eine um das Spezialgebiet persische Lyrik und Mystik erweiterte Literaturwissenschaft) und den intimen, viszeralen Nöten eines Kleinkinds und seiner Familie ergibt diese ganz besondere intellektuelle Beschreibungsschönheit.«

Diedrich Diederichsen, *Der Tagesspiegel*

Navid Kermani, geboren 1967, lebt als freier Schriftsteller in Köln. Er ist habilitierter Orientalist. Für sein literarisches wie akademisches Werk wurde er vielfach ausgezeichnet, zuletzt mit dem Joseph-Breitbach-Preis.

www.navidkermani.de

Navid Kermani

Das Buch der von Neil Young Getöteten

Suhrkamp

Die Erstausgabe von
Das Buch der von Neil Young Getöteten
erschien 2002 beim Ammann Verlag, Zürich.

6. Auflage 2016

Erste Auflage 2013
suhrkamp taschenbuch 4461

Druck: Druckhaus Nomos, Sinzheim
Printed in Germany
Umschlag: HERBURG WEILAND, München
ISBN 978-3-518-46461-8

Das Buch der
von Neil Young Getöteten

تقدیم به همسر دلسوزم کتایون ام آیدا

Ich will Kinder, ich will nicht mich.
Friedrich Nietzsche

Als wolle Gott ihr die Erkenntnis einbleuen, daß sie das Paradies verlassen habe, als wolle er ihr die Erinnerung rauben oder, schlimmer noch, die Geborgenheit zu einer bloßen Erinnerung gerinnen lassen, bekam meine Tochter regelmäßig abends um acht oder halb neun Blähungen. Das Wort hört sich harmlos an, aber wer einmal ein Neugeborenes in den Händen getragen hat, das sich vor Schmerzen windet, dessen Gesichtszüge sich zu tausend Falten verzerren, wer sich, und sei es für zehn Minuten bloß, diesem dünnen Kreischen ausgesetzt hat, muß zynisch sein, um die Welt zu tolerieren. Ich hatte vorher nicht gewußt, was Blähungen exakt sind und daß es für sie, wenn sie bei Neugeborenen auftreten, einen feststehenden Begriff, den der *Drei-Monats-Kolik,* gibt. Drei Monate der Folter standen meiner Tochter also bevor. Keiner hatte uns vorgewarnt, und wen immer wir alarmierten, niemand schien ihre Qualen ernst zu nehmen. Die Beteuerungen unserer Hebamme, der Großeltern und Freunde, daß Blähungen bei vielen Säuglingen aufträten und kein Anlaß zur Beunruhigung seien, erschienen mir euphemistisch und roh. Meine schreiende Tochter durch die Wohnung tragend, beschuldigte ich die Menschheit, sich den tatsächlichen Konditionen ihres Daseins zu verschließen, und Gott des Verbrechens an der Menschlichkeit. Was, wenn nicht ein Neugeborenes, das anders als Erwachsene oder sogar Kinder den Schmerz nicht abmildern kann, indem es die Empfindung durch die relativierenden Instanzen des Bewußtseins schickt, was, wenn nicht die Blähungen seiner Tochter, sollte einen Vater beunruhigen, nicht weil er sich ernstlich um ihre Gesundheit sorgte, sondern vielmehr weil er das Elend alles Irdischen in ihr zappelnd verkörpert sieht?

Der Schock war um so größer, als die erste Zeit mit meiner Tochter bis auf einzelne panische Anfälle völlig friedvoll und schon die Geburt für meine Tochter (nicht für meine tapfere Frau) viel sanfter verlaufen war, als ich es mir vorgestellt hatte. Nur wenige Sekunden hatte sie (meine Tochter, nicht meine Frau) geschrien. Dann schaute sie uns aus Riesenaugen ruhig an, ein wenig abwartend, ein wenig prüfend; so seht ihr also aus, schien sie zu denken. Seither kenne ich den Geschmack der Seligkeit. Ich habe meine Tochter an jenem frühen Morgen, von der Ernsthaftigkeit ihres Blicks gefesselt, wohl fast eine Stunde lang wiegend durch den spärlich beleuchteten Kreißsaal getragen und ihr so leise, daß nur sie es hörte, *Turaluraluralu* der deutschen Gruppe Trio vorgesungen, aber das gehört eigentlich nicht hierhin, weil ich ein Buch über Neil Young schreibe und dieser erst ins Leben meiner Tochter trat, als sie ihn brauchte (früher glaubte ich, daß man Neil Young immer braucht, aber inzwischen denke ich, man kommt die ersten paar Tage auch ohne ihn über die Runden).

Die Blähungen begannen, wenn meine Erinnerung nicht trügt, etwa zehn Tage nach der Geburt. Ich war mit meinem besten Freund ausgegangen und brachte ihn auf einen Wein noch mit nach Hause, als wir meine zermürbte Frau und meine winselnde Tochter auf dem Sofa vorfanden. An diesem Abend witzelte ich noch ausgiebig über ihr mütterliches Unvermögen und meine väterliche Aura, weil meine Tochter sich auf meinem Arm beruhigte, doch am nächsten und übernächsten und auch am dritten Abend wirkten meine Hände kein Wunder mehr, und ich mußte feststellen, daß ich am ersten Abend wahrscheinlich nur zur rechten Zeit, nämlich gegen halb zwölf, nach Hause gekommen war, da meine Tochter ihre seitdem tägliche Tortur soeben überstanden hatte.

Die folgenden Abende waren niederschmetternd. Wie ich in unserer zweigeschossigen Wohnung rauf und runter trabte und vergeblich die unterschiedlichsten Haltemöglichkeiten und Griffe probierte, hielt mich nur die Verpflichtung am Leben, meiner Tochter beizustehen, und außerdem die Aussicht, daß der Schmerz nach ziemlich exakt drei Stunden nachlassen und die Koliken in drei Monaten überwunden sein würden. Aber der Gedanke, meiner Tochter diesen Trost nicht mitteilen zu können, quälte mich. Sie zu tragen und zu liebkosen hatte wohl seine Wirkung, oft hörte sie auf zu kreischen, wimmerte nur noch oder verstummte für einige Minuten; aber schon ihr angespanntes Gesicht ließ erkennen, daß das Unbehagen anhielt. Scheiß Welt! Das Büchner-Zitat von uns armen Musikanten und unseren Körpern als den Instrumenten meldete sich jeden Abend zu Wort: »Sind die häßlichen Töne, welche auf ihnen herausgepfuscht werden nur da um höher und höher dringend und endlich leise verhallend wie ein wollüstiger Hauch in himmlischen Ohren zu sterben?« Ich hatte es in meiner Arbeit über die islamische Mystik aufgegriffen, weil diese ein ähnliches Motiv kennt. Aber das hier, die Töne, die ein ungutes Schicksal aus meiner Tochter herauspfuschte, das war kein Motiv, das war so real wie ein Auto oder wie Zahnweh.

Ich stand mit meiner Tochter in der Mitte meines Arbeitszimmers, als mir am vierten Blähungsabend die Idee kam, Musik zu hören; vielleicht würde es sie ablenken, überlegte ich, ohne der Hoffnung viel abzugewinnen. Aber etwas anderes hatte ich ohnehin nicht zu tun, und schaden würde es gewiß nicht. Einem Impuls folgend, entschied ich mich sofort für Neil Youngs *Last Trip To Tulsa,* das letzte Stück auf seiner ersten Soloplatte: eine schier endlose Wiederholung der immer gleichen, von sekundenlangen Pausen unterbrochenen Akkorde zu einem grandiosen Text, den ich bis heute nicht verstanden habe. Das Brüchige, das Assoziative, das Zufällige ist hier, wie später so oft in seiner Musik und seinen Texten, zum Prinzip erhoben, die herkömmliche Liedstruktur der äußeren Form nach bewahrt, von innen jedoch zertrümmert. Das Gewand einer Folkballade tragend, mit der akustischen Gitarre als einzigem Instrument, ist *The Last Trip To Tulsa* in Wahrheit das mal meditative, mal schroffe Rezital einer Lyrik, die sich bewußt dem Reimzwang sowie den Assonanzen und Dissonanzen der Sprache unterwirft und eben dadurch mit jeder Strophe in eine andere Richtung treibt, mit jedem Vers eine Überraschung erlebt. Das hat etwas von Kinderreimen und ebenso vom Zungenreden; wenn ich die Verse höre, stelle ich mir vor, wie Neil Young auf dem Bett seines Hotelzimmers sitzt, die Westernstiefel ausgestreckt auf dem gestärkten Bettuch, eine ordentliche Dröhnung hinter der Stirn, und den Silben und rhythmischen Lauten lauscht, die aus den immer gleichen Akkorden seiner Gitarre hervortreten, den Reihen gleichlautender Vokale wie dem /e/ in *the servicemen were yellow* oder dem /a/ in *but i was afraid to ask,* den Anfangs- oder Endkonsonanten wie dem /g/ in *gasoline was green* oder eben dem /t/ in *the last trip to tulsa.* Daß Neil Young im Booklet alle Buchstaben des Liedtextes klein und die Strophen fortlaufend, ohne Zeilenwechsel also, schreibt, folgt der Logik des Textes.

Keineswegs war ich so vermessen anzunehmen, meine Tochter bereits am Ende ihrer ersten Lebenswoche in die literarästhetischen und lautmalerischen Nuancen der kanadischen Avantgardelyrik einweisen zu können. Was mich bewog, gerade *The Last Trip To Tulsa* aufzulegen und nicht eines der vielen harmonischen, selbst Frauen und Kindern zugänglichen, mitunter zugegeben seichten, vereinzelt – ich bekenne es, um gar nicht erst den Verdacht aufkommen zu lassen, ich sähe die Dinge nicht objektiv – peinlichen Lieder (etwas anderes als Neil Young stand nicht zur Debatte, allenfalls *Turaluraluralu* wäre in Erwägung zu ziehen gewesen, sofern ich die CD besessen hätte, obgleich es vorzusingen ich bereits ohne Wirkung erprobt hatte), was mich bewog, war die Stimme, die jämmerlich hohe, regelmäßig ins Weinerliche kippende, für einen Sänger, zumal für einen Rocksänger eigentlich unmögliche Stimme, die viel zu schmal, fast fistelig ist, diese Stimme eines Kafkaschen Hungerkünstlers, die für jeden Unempfänglichen neuralgisch sein muß und mir nun schon so viele Jahre die boshaftesten Bemerkungen von Bekannten und Brüdern beschert, wohingegen ich wie wahrscheinlich jeder seiner Fans sie mehr als alles andere an ihm liebe. Neil Youngs Stimme kommt in diesem Stück im Reinzustand zur Geltung, wegen der minimalistischen Instrumentierung, aber auch weil er die meiste Zeit ganz leise singt, nicht durchgehend an der Grenze zum Flüstern, wohl aber jenseits der Grenze zum Selbstmonolog. Es ist für ein Lied, das sich doch fast immer an ein Publikum, an eine Mehrzahl von Adressaten richtet, tatsächlich eine ungewöhnliche kommunikative Situation, insofern Neil Young in dieser Aufnahme gleichsam für sich selbst singt oder allenfalls noch für jemanden, der neben ihm auf dem Bett sitzt (zum Beispiel mich), Schulter an Schulter gegen die Rückwand gelehnt. Seltene Schattierungen seiner Stimme treten so zutage, dunkle, zärtliche und rauhe.

Das Stück beginnt damit, daß Neil Young zwei-, dreimal mehr oder weniger planlos in seine Gitarre drischt, um sie daraufhin, wie zur Entschuldigung, kaum hörbar zu streicheln. Weil dieses Intro im Gekreische meiner Tochter vollständig unterging, drehte ich den Lautstärkeregler weit nach rechts. Und dann stand aus heiterem Himmel die Stimme im Raum, behutsam, fast schüchtern und doch lockend, wie schon angedeutet an der untersten Grenze des noch Stimmlichen, aber durch den Lautsprecher eben doch äußerst laut, viel zu laut für ein Baby.

> *well i used to drive a cab you know, heard a siren scream, pulled over to the corner and fell into a dream. there where two men eating pennies and three young girls who cried, »the west coast is falling. i see rocks in the sky.« the preacher took his bible and he laid it on the stool. he said »with the congregation running, why should i play the fool?«*

Nach einigen Sekunden der Erstarrung wollte ich bereits zum Verstärker eilen und den Regler zurückdrehen, aber in eben jener Zeit zwischen der Einsicht, die Musik leiser stellen zu müssen, und dem Impuls, zum Regal zu gehen, im Verlaufe dieser zehntelsekundenwährenden Zeitlosigkeit zwischen zwei Gedankeneinheiten wurde meine Tochter still. Ich bemerkte das sofort, und zwar nicht, weil sie verstummte – dazu war die Musik zu laut und ich zu sehr von ihr in den Bann gezogen –, vielmehr weil ihr Körper sich beruhigte. Ich bemerkte es an meinen Händen, auf denen sie seitlich lag, ihre Brust auf der linken, ihr Unterleib auf der rechten, ich bemerkte es an meinen beiden kleinen Fingern, die ihren Bauch berührten, an den Nerven im Polster meiner Fingerspitzen.

> *well i used to be a woman you know, i took you for a ride. i let you fly my airplane, it looked good for your pride. 'cause you're the kind of man you know, who likes what he says. i wonder what it's like to be so far over my head. well the lady made the wedding and she brought along the ring. she got down on her knees and said, »let's get on with this thing.«*

Das ganze knapp zehnminütige Stück über blieb sie ruhig, auch inmitten des Sturmes, der in der Mitte der Fahrt zweimal unversehens hereinbrach und uns dem Tosen eines windgepeitschten Meeres aussetzte, dem harten, schrillen Klang der mit aller Wucht geschlagenen Saiten und dem Kreischen eines ohnehin viel zu hohen Tenors – selbst von diesem Intermezzo des Hardrock auf der akustischen Gitarre oder eben jenem Bildnis des Punkers als jungem Mann ließ sich meine Tochter keine Sekunde aus der Ruhe bringen. Cool wie ein alter Seemann auf dem Ozean der Neil Youngschen Musik trotzte sie dem Lärmgewitter, bis wir wieder sanftere Gewässer erreichten. Neil Young hat diese metallene Seite, dieses periodisch auftretende Beharren darauf, sich den Harmonien zu verweigern, für das ich ihm durch alle Auszeiten der Harmlosigkeit hindurch die Treue gehalten habe wie sonst nur dem 1. FC Köln (aber der ist schließlich auch das Real Madrid des Westens). Viele seiner stärksten Stücke und seine besten Alben entwickeln sich aus der Spannung zwischen der Lust zum Zertrümmern und seinem unglaublichen Gespür für gute Melodien, die er allein aufgrund seiner Stimme aufrechterhalten kann, die weder hart noch hübsch, sondern ganz einfach fistelig ist und damit keiner der beiden Tendenzen nachgibt. Es gab Tourneen von ihm, da liefen zwischen den Stücken Endlosbänder mit Maschinengeräuschen und mußten die Roadies – aus medizinischen, nicht aus optischen Gründen – Sicherheitshelme mit Ohrenschützern tragen. Das Mini-Album *Eldorado* zum Beispiel, das er am Ende einer solchen Tournee, nämlich 1989 in einer lächerlich geringen Stückzahl und ausschließlich in Japan und in Australien, veröffentlichte, das also außer dem harten Kern nur Japanern und Australiern bekannt ist, gehört eben deshalb zu seinen drei, vier Platten, die als Gesamtkunstwerk herausragen. Das ist Lärm wie aus einer Fabrikhalle, aber eine Fabrikhalle, durch die der erste Frühlingswind weht. Auf *Eldorado* kommt dieses Spannungsverhältnis am klarsten zum Ausdruck, aber ähnlich ließe es sich für die besten regulären Alben sagen, für *Everybody Knows This Is Nowhere* aus dem Jahr 1969, für *Zuma* und *Live Rust* aus den Siebzigern oder seine späten Glanzstücke *Ragged Glory, Weld* und *Sleeps With Angels,* alles Platten übrigens, die er mit den Rabauken von Crazy Horse aufgenommen hat, jener Garagencombo, die fast so falsch spielt, wie Neil Young singt (»drei Männer und ebenso viele Akkorde«, hat ein Journalist sie mal beschrieben).

Ich war selbst nicht darauf vorbereitet gewesen, daß Neil Young aus der Versunkenheit des Anfangs heraus plötzlich seine Stimme zu einer durchdringenden Deklamation über seine Vergangenheit (er war damals 22 Jahre alt) als Folksänger erhob, begleitet von der Gitarre wie von einer Alarmglocke; so genau war mir das Stück nicht gewärtig, und vor allem hatte ich es vorher noch nie so laut gehört.

> *i used to be a folk singer, keeping managers alive, when you saw me on a corner and told me i was jive. so i unlocked your mind you know to see what i could see. if you guarantee the postage, i'll mail you back the key. well i woke up in the morning with an arrow through my nose. there was an indian in the corner trying on my clothes.*

Neil Young mochte mit einem Indianerpfeil in der Nase erwacht sein, aber wir beide, meine Tochter und ich, waren noch immer in das Spiel seiner Gitarre und Stimme versunken, und so begann ich instinktiv, nachdem ich sie bisher in der Musik nur gewiegt hatte, mit ihr zu tanzen (ein Außenstehender hätte vielleicht einen anderen Begriff benutzt, etwa »herumhampeln« oder »schwankend stolzieren wie ein betrunkenes Kamel«). Mein Oberkörper schwappte wie der Bug eines Ozeandampfers bei Windstärke zwölf nach vorne und wieder zurück, während uns meine Füße in schweren Ausfallschritten durch das Arbeitszimmer lenkten. Sah man von den Schritten ab, mochte die Darbietung an tanzende Derwische erinnern, die sich außer in Konya keineswegs so pittoresk drehen, sondern die Ekstase meist im Stand, mit wippendem Leib heraufbeschwören, oder an das kopfschüttelnde Publikum eines Heavy-Metal-Konzerts, nur bewegte ich mich ungleich langsamer, nicht in Zeitlupe, aber doch so, als hingen an meinen Gliedern weit mehr als nur die 3450 Gramm meiner Tochter. Im Rausch befand ich mich nicht, weshalb ich mich erinnere, mir darüber bewußt gewesen zu sein, daß sie nicht über Gebühr durchgeschüttelt wurde, da sie gleichsam in der Mitte des Bootes lag; vielmehr konzentrierte ich mich bis in die Haarspitzen auf die Musik und ihre Wirkung. Dieser Zustand der extremen Wachheit, des Daseins im Heideggerschen Sinn, für den die östliche Philosophie freilich unverdächtigere Bezeichnungen gefunden hat, er war beinah selbst schon rauschhaft, indem er das Gegenteil davon war, wie zwei Bögen, die vom selben Punkt ausgehen und sich am anderen Ende zum Kreis wiedertreffen. Hätte ich eine abwehrende Regung meiner Tochter gespürt, es hätte nicht länger als eine Sekunde gedauert, bis die Musik leiser oder ausgestellt gewesen wäre. Aber ich spürte, nein, ich wußte um ihr Wohlbehagen; nicht durch eine Regung, die ich an meinen Fingern wahrnahm, teilte sie es mir mit, es war mehr wie eine Gedankenübertragung, als ob ihr Gehirn dem meinen eine SMS gesandt hätte. Sie fand also die dritte Strophe von *Last Trip To Tulsa* auch zumindest passabel. Daß sie allerdings das Versonnene, das Sehnsuchtsvolle des Beginns vorzog, nahm ich wahr, als mit den letzten Silben der Strophe der Grundton des Stückes wiederkehrte. Sie genoß es fühlbar, als Neil Youngs zunächst wortloser Gesang an das Paradies erinnerte, das vergangene und zukünftige. Mein Arbeitszimmer durchsegelnd, wiegte ich sie wie in der ersten Stunde ihres Lebens.

Im ersten Satz dieses Buches hatte ich geschrieben, daß die Geborgenheit meiner Tochter zu einer bloßen Erinnerung gerann; daß wir uns erinnern, hielt ich, da ich über die Koliken meiner Tochter nachdachte, für das Schlimmste, was Gott uns antut. Aber eben, beim Schreiben des letzten Absatzes, habe ich gemerkt, daß die Erinnerung zu versöhnen oder wenigstens zu trösten vermag. Das ist ein Widerspruch, und zuerst habe ich den Schluß gezogen, der erste Satz sei falsch und müsse geändert werden. Aber dann ist mir erst klar geworden, was er wirklich bedeutet, daß er nämlich den Prozeß des Gerinnens, des Zur-Erinnerung-Werdens zum Thema hat, der so grausam wie ein Sterben oder Gebären ist, indes *The Last Trip To Tulsa* meine Tochter die Erinnerung zum ersten

Mal kosten ließ – sie war angekommen in unserer Welt, in unseren Armen. Die gesungenen Vokale Neil Youngs und vielleicht auch meine Bewegungen, meine mit ihr schwingende Nähe, bildeten die Geborgenheit ab, und indem sie in das Bild eintrat, trat sie aus dem Schmerz heraus. Das war ein anderer Zustand als nach der Geburt, anders als *Turaluralu,* als das Paradies noch in der Gegenwart lag. Es war Vergegenwärtigung, ihre erste Wiederkehr, es war der Beginn der Zeit. Wann immer ihre Uhr begonnen hatte zu laufen – jetzt hörte sie sie ticken. Deshalb sang Neil Young vom Tod.

> *well i used to be asleep you know, with blankets on my bed. i stayed there for a while 'til they discovered i was dead. the coroner was friendly and i liked him quite a lot. if i hadn't 've been a woman i guess i'd never have been caught. they gave me back my house and car and nothing more was said.*

Aber dann begann die Gitarre gleich einer Zirkustrommel, die den gewagtesten Akt des Abends ankündigt, eine rasche Folge des immergleichen Wirbels, zu denen Neil Young eine Serie von langgezogenen Indianer-Ouuuhs ausstieß, bis ein neuerliches, nein, das eigentliche Gewitter ausbrach.

> *well i was driving down the freeway when my car ran out of gas. pulled over to the station but i was afraid to ask. the servicemen were yellow and the gasoline was green. although i knew i couldn't i*

thought that i was gonna scream. that was on my last trip to tulsa just before the snow. if you ever need a ride there be sure to let me know.

Das war nun wirklich schwerer Tobak für ein Neugeborenes; Neil Young sang wie von einer Tarantel gestochen und schlug in die Saiten seiner akustischen Gitarre wie Oskar Matzerath auf die Blechtrommel. Hätte mich jemand beobachtet, er hätte annehmen müssen, nicht bloß dieser irre Sänger mit der Piepsstimme, sondern auch ich sei von der Tarantel gestochen worden, denn diesmal tanzte ich nicht bloß in den gleichen Bewegungsabläufen, sondern auch fast so schnell wie das Publikum eines Heavy-Metal-Konzerts. Gleichzeitig war ich nahe daran, dem Spektakel ein Ende zu bereiten, zur nächsten Strophe zu springen oder die Lautstärke zu senken, aber etwas sagte mir, ich solle es lassen und mich weiter der Musik hingeben, solange meine Tochter kein Zeichen gab. Ich spürte, daß sie diesem Lärm nicht allzu lang gewachsen sein würde, wollte aber nicht zu früh abbrechen. Und tatsächlich sollte auch der zweite, heftigere Sturm rechtzeitig vorübergehen und uns noch achtsamer zurücklassen für die Stille der letzten Strophe.

well i was chopping down a palm tree when a friend dropped by to ask if i would feel less lonely if he helped me swing the axe. i said »no, it's not a case of being lonely we've had here. i've been working on this palm tree for eighty seven years.« he said »go get lost« and walked toward his cadillac. i chopped down the palm tree and it landed on his back.

Neil Young war, als er diesen Text verfaßte, höchstens 22 Jahre alt, wahrscheinlich jünger, doch das selbstironische Zähnefletschen, das er dem Leben zeigt, die grimmig-fröhliche Stimmung, die sich in den Versen vermittelt, kenne ich sonst nur aus Samuel Becketts älteren Tagen. In der Geschichte ist nahezu alles enthalten, was Neil Youngs Poesie und seine Haltung zur Musik und zum Leben ausmacht. Da ist jemand damit beschäftigt, eine Palme zu fällen, und ein anderer kommt vorbei und fragt ihn, ob er sich weniger einsam fühlte, wenn sie gemeinsam die Axt schwängen. Schroff weist ihn der Besuchte zurecht und ironisiert ihn gleichzeitig, indem er auf den therapeutischen Ton der Frage mit einer Diagnose antwortet, deren Begründung gar keine zu sein scheint und die so paradox ist wie eine indische Weisheit: »Nein, wir haben hier keinen Fall von Einsamkeit vorliegen. Ich arbeite seit 87 Jahren an dieser Palme.«

Natürlich ist jemand, der 87 Jahre mit einer Palme verbringt – wie jeder andere Mensch – allein, und weil er sich dessen bewußt ist, ist er es noch mehr. Aber die Einsamkeit scheint diesem Holzfäller so selbstverständlich und unausweichlich, daß er weder mit ihr hadert noch sich der Illusion hingibt, die Gemeinschaft mit anderen Menschen würde etwas an seiner

Einsamkeit ändern. Mit solchen Lappalien hält er sich schon lange nicht mehr auf, denn er hat zu tun. Er muß sich um eine Palme kümmern.

Neil Young hat sich seine gesamte Karriere hindurch als Arbeiter vorgestellt, oder genauer: als Vorarbeiter einer Mannschaft von Arbeitern, die sich Crazy Horse nennt, als jemand, der den Auftrag hat, einen bestimmten Groove, ein bestimmtes musikalisches Gefühl zu erzeugen, ähnlich einem Bäcker, der für sein Schwarzbrot berühmt ist, oder einem Farmer, der eine besondere Art von Mais zu züchten hat, weil sie nur auf seinem Acker wächst. Nicht nur sind seine Texte voller Anspielungen auf das Motiv der Handarbeit, des Pflügens, des harten Ackerns – schon die Besetzungsliste manches seiner Alben läßt mich klare amerikanische Landluft riechen: Namen wie Spooner Oldham, Joe Yankee, Rufus Thibodeaux, Hargus »Pig« Robbins oder Oscar Butterworth verweisen in eine Welt, die noch mit dem ersten Hahnenschrei aufwacht und mit dem Absatteln der Pferde zu Bette geht. Die karierten Baumfällerhemden, die Neil Young wie eine Jacke über dem T-Shirt und der schon lange, bevor es Mode wurde, zerfransten Jeans trägt, die buschigen Koteletten, die Heuballen auf der Bühne, die vielen Coverphotos, die ihn und seine Band auf Bauernhöfen zeigen, seine wiederkehrenden Reminiszenzen an die Country-Music und sein Engagement für verarmte amerikanische Bauern, das manchmal gebrochene, manchmal unerträgliche *Home Sweet*

Home der Texte, sie alle sind Zeichen der Bodenständigkeit, des einfachen Lebens und der disziplinierten Plackerei, die im denkbar größten Kontrast zu seinem flatternden Gesang, dem Krawall seiner Gitarre und der längsten Strecke seines eigenen Lebensweges stehen. In David Lynchs *Straight Story* ist ebenso wie in *Last Trip To Tulsa* ein Bildnis Neil Youngs als alter Mann gezeichnet. Ein Greis wird er sein, der tut, was er zu tun, was er immer schon getan hat, nämlich tagein, tagaus zum Marsch durch die Seelenwelt zu blasen. Mehr ist das Leben nicht, aber das ist das ganze Leben.

Und dann kommt dieser Idiot von Freund, Manager, Musikkollege, Fan, Nachbar oder Mitmensch und fragt, ob der Holzfäller weniger einsam wäre, wenn er ihm hülfe. Das ist eine Frage, so naheliegend und abwegig, wie sie nur Mitmenschen fragen können. In einer Zen-Geschichte wird von Milarepa erzählt, der überall nach Erleuchtung gesucht, aber nirgends eine Antwort erhalten hat, bis er eines Tages einen Greis, der einen schweren Sack auf der Schulter trägt, langsam einen Bergpfad herabsteigen sieht. Milarepa erkennt sofort, daß dieser Greis das Geheimnis weiß, nach dem er so viele Jahre verzweifelt gesucht hat, und rennt ihm nach.

»Alter, bitte sage mir, was du weißt. Was ist Erleuchtung?«

Der Greis lächelt ihn an. Dann läßt er seine schwere Last von der Schulter gleiten und richtet sich auf.

»Ja, ich sehe!« ruft Milarepa. »Meinen ewigen Dank! Aber bitte erlaube mir noch eine Frage: Was kommt nach der Erleuchtung?«

Abermals lächelt der Greis, bückt sich und hebt seinen schweren Sack wieder auf. Er legt ihn sich auf die Schulter, rückt die Last zurecht und geht seines Weges.

Ich stelle mir vor, Milarepa, dem so etwas natürlich nicht zuzutrauen ist, würde dem Greis eine beleidigte, höhnische Bemerkung hinterherwerfen. Vielleicht würde der Beschimpfte, ohne zu reagieren, weiterziehen, vielleicht aber würde er Milarepa auch ohne viel Aufwand eine Lektion erteilen, die dieser bis an sein Lebensende nicht vergäße. Wenn er garstig genug, stark und mit dem kindlichen Spaß an gemeinen Streichen ausgestattet wäre, vielleicht würde er Milarepa die Last, die er ein Leben lang getragen hat, einfach an den Kopf werfen. Was sich, abgesehen vom Humor, darin ausdrückte, wäre seine Freiheit. Der Holzfäller, der zum letzten Hieb ausholt, während der ungehaltene Besucher zu seinem Cadillac zurückgeht, hätte längst die Möglichkeit gehabt, die Palme zu fällen. Jahrein, jahraus hat er sich um sie gekümmert, wahrscheinlich hat er sie selbst gepflanzt, gewässert und zum Schluß seine Axt in sie geschlagen. Gefällt hat er sie jedoch bis zu dem Kairos nicht, da ihr Sinn sich erfüllte. Man kann sagen: Hätte er die Palme nicht großgezogen, wäre niemand gekommen, um ihn mißzuverstehen, und es hätte keinen Sinn gehabt, sie zu fällen. Aber das könnte man über alle Dinge des Lebens sagen, das nicht sinnlos, sondern sich selbst Sinn ist.

Daß die Verse – wie alle guten Texte Neil Youngs – offen genug sind, sie anders zu deuten, versteht sich; so ist es reizvoll sich vorzustellen, der Holzfäller sei eher jung, seine Antwort daher noch spöttischer und das Ende der Geschichte um so böser. Ich habe nur notiert, was die Strophe mir selbst sagt. Ihr zu lauschen, hatte ich Gelegenheit genug. Mit dem Ende des letzten Wortes, das Neil Young nur noch ins Mikrophon haucht und gleichzeitig das Ende des Stückes und der CD ist, begann meine Tochter wieder unruhig zu werden. Sie schrie nicht sofort, aber sie regte sich und fing nach dreißig Sekunden oder einer Minute an, regelrecht zu zappeln. Sie hätte gewiß geschrien, wenn ich ihr Neil Young noch länger vorenthalten hätte. Interessanterweise beruhigte sie sich auch diesmal erst, als seine Stimme erklang, nicht schon mit dem Klang der Gitarre.

In drei Stunden kann man den *Last Trip To Tulsa* etwa sechzehn Mal hören, und mit sehr viel weniger gab sie sich nach ihrem initialen Hörerlebnis nicht zufrieden. Am dritten Abend fragte meine Frau, halb scherzhaft, halb im Ernst, ob man unsere Tochter nicht auch mal schreien lassen solle, schließlich stärke das angeblich die Lungen. Am vierten Tag begannen unsere Nachbarn, die zunächst erleichtert gewesen sein dürften, daß ich ein Mittel gefunden hatte, um die neue Mitbewohnerin zu besänftigen, mir auf dem Flur zufällig von anderen CDs vorzuschwärmen, und zwei Tage später schenkte mir die junge Frau aus dem Stockwerk unter uns, eine angehende Opernsängerin, die mich mit ihren Tonleitern selbst schon zur Weißglut getrieben hat, sogar eine Kassette deutsch geträllerter amerikanischer Kinderlieder. *Jingle Bells* gehörte ohnehin nicht zu den Melodien, die ich für ein Neugeborenes angemessen fand, aber von einem Chor penetrant fröhlicher deutscher Blagen vorgetragen, ist es so schauderhaft, wie nach Aussage der ignoranten unter meinen Freunden – also den meisten – Neil Young sein soll.

Dabei wäre ich durchaus bereit gewesen, ab und an mal, sagen wir einmal am Tag, etwas anderes als Neil Young aufzulegen, und ich habe mein Entgegenkommen mehrfach unter Beweis gestellt. Aber meine Tochter vermochte weder Mahlers Vierter Symphonie noch melodischem Pop aus Afrika etwas abzugewinnen. Sie bestand auf Neil Young und quittierte jeden anderen Klang mit einem Schreikonzert, das Fußballkommentatoren gellend nennen würden. Ich habe für die geschilderten Reaktionen Zeugen. Mehreren Freunden, die bei Bedarf öffentlich zu nennen ich absolut bereit bin, habe ich die Wirkung Neil Youngs auf meine Tochter unter objektiven Bedingungen demonstriert. Was immer sie für absurde und herabwürdigende Erklärungen für das Phänomen fanden (eine genetisch bedingte Hörstörung, dringend zu untersuchendes Anzeichen für eine geistige Behinderung, Gehirnwäsche durch permanente Beschallung im Mutterbauch und ähnlich Abstruses) – niemand konnte den Effekt, der nachweislich nur bei Neil Young auftrat, leugnen. Um meine These wissenschaftlich zu untermauern, bedürfte es weiterer empirischer Untersuchungen, dennoch bin ich mir beinah sicher, daß speziell die hohen Frequenzen in der Stimme Neil Youngs auf Neugeborene beruhigend wirken, nicht nur auf meine Tochter. Ich vermute, daß der Klang der Stimme an die Vergangenheit der Neugeborenen rührt.

Ohnehin waren die Klagen unserer Umwelt über die Einseitigkeit des abendlichen Musikprogramms maßlos überzogen, da meine Tochter, wie sich im Verlaufe schon der ersten Woche herausstellte, keineswegs zwingend *Last Trip To Tulsa* zu hören verlangte, sondern auch andere Lieder goutierte, solange Neil Young sie sang. Es stand mir also im Prinzip ein ganzer Kosmos zur Verfügung, um die Abende musikalisch zu gestalten. Gewiß kamen in diesem Stadium noch keine Brecher wie *Cocaine Eyes, Sedan Delivery* oder *Pressure* in Frage, und ich mußte mich in der Auswahl auf die eher ruhigen Stücke Neil Youngs beschränken. Aber man muß sich keineswegs vorstellen, ich hätte ihr nur akustische Lieder vorgespielt. *Helpless* zum Beispiel mochte sie sehr gern, dabei hat es ein echtes Schlagzeug und einen elektrischen Baß. Na gut, man kann *Helpless* nicht eben flott nennen

(»Recorded in San Francisco about 4 am, when everybody got tired enough to play at my speed«, hat Neil Young, handschriftlich wie immer, im Booklet von *Decade* notiert), aber *Prime Of Life* aus *Sleeps With Angels,* mit dem ich einen vollständigen Heiligabend bei den Schwiegereltern bestritten habe, geht wirklich ab. Ich wäre normalerweise nicht auf die Idee gekommen, es aufzulegen, doch an dem Abend stellte ich um acht Uhr fest, daß ich meine eigenen CDs vergessen hatte und als einzige Aufnahme Neil Youngs *Sleeps With Angels* verfügbar war, die ich meiner Schwägerin als Weihnachtsgeschenk mitgebracht hatte, eine Platte, von der ich annehmen durfte, daß sie eine Achtzehnjährige mit Vorlieben für Grunge, Rap und Metal ansprach, die aber selbst ich nicht ohne Not einer Vierwöchigen vorgespielt hätte. Zu meiner Überraschung mochte meine Tochter die CD, und am meisten *Prime Of Life,* obwohl das Album ruhigere Stücke enthält. Der exzellente, fliegend-fliehende Rhythmus, der unter dem sanft gehaltenen Gesang und einer berückend einfältigen Flöte liegt, muß in Kombination mit meinen Bewegungen einen Groove erzeugt haben, der exakt dem Pulsschlag meiner Tochter entsprach (der Puls von Babys schlägt bekanntlich schneller als der von Erwachsenen). Selbst meine Schwiegermutter rief mir nach der elften oder zwölften Wiederholung zu, das sei ja ganz schön. Anschließend wies sie verlegen auf ihre Anneliese Rothenberger-CD hin, die jedes Jahr an Weihnachten auf große Resonanz bei der Familie stoße und wenigstens in Teilen durchaus rhythmisch und eingängig zu nennen sei. Ich nickte ihr von Musikkenner zu Musikkennerin zu und rief, daß ihr Enkelkind in spätestens anderthalb Stunden schlafen werde. Der Abend hat dazu geführt, daß die außergewöhnliche Empfänglichkeit meiner Tochter für Neil Young und mein mindestens ebenso außergewöhnlicher Tanz der Nachwelt als Videoaufzeichnung erhalten sind. Freilich sind wir auf dem Film die meiste Zeit nur als beweglicher Flecken im Hintergrund zu sehen; nur wenn meine Schwägerin die Kamera führte, gelangen dank kühner Schwenks über die abwehrenden Hände meiner Schwiegermutter und das fahle Gesicht meiner Frau hinweg faszinierende Großaufnahmen, die zu gegebener Zeit auch ihrer wissenschaftlichen Auswertung zugeführt werden sollten. Die Tonqualität der Kassette ist, nebenbei bemerkt, erstaunlich gut, meine Verwandtschaft bis auf Wortfetzen nicht zu hören, so daß ich seitdem, wenn mein CD-Spieler einmal ausfallen sollte, auf Video ausweichen könnte, um meiner Tochter Neil Young vorzuspielen.

Aufregend war es, zu verfolgen, wie sie ihre Favoriten wechselte. An die Stelle von *Last Trip To Tulsa* trat nach einigen Wochen *Helpless,* das wiederum von *Sugar Mountain* abgelöst wurde, dem Urstück Neil Youngs über die Kindheit, das er an seinem 19. Geburtstag verfaßt und auf einem Sony-Heimgerät aufgenommen hat. Vier Strophen hat das Lied, wie das

Jahr Jahreszeiten, und einen Refrain, der dem Wunderbaren des Wandels den Verlust des Vergangenen entgegenhält.

Oh, to live on Sugar Mountain
With the barkers and the coloured balloons,
You can't be twenty on Sugar Mountain,
Though you're thinkin' that you're leavin'
there too soon, You're leavin' there too soon.

It's so noisy at the fair
But all your friends are there
And the candy floss you had
And your mother and your dad.
(Oh, to live on Sugar Mountain ...)

There's a girl just down the aisle,
Oh, to turn and see her smile.
You can hear the words she wrote
As you read her hidden note.
(Chorus)

Now you're underneath the stairs
And you're givin' back some glares
To the people who you met
And it's your first cigarette.
(Chorus)

Now you say you're leavin' home
'Cause you want to be alone.
Ain't it funny how you feel
When you're findin' out it's real?
(Final chorus twice)

Sein Vater, dem wir die beste Biographie Neil Youngs verdanken, schrieb einmal, daß die herzzerreißende Schönheit von *Sugar Mountain* sich so wenig erklären lasse wie das Lächeln der Mona Lisa, ein zwar nicht origineller, aber korrekter Vergleich, dem ich nur hinzufüge, daß meine Tochter bis heute, sobald ich ihr das Lied vorspiele oder -singe, mindestens ebenso rätselhaft lächelt. An den Weihnachtsfeiertagen hörten wir dann jeweils drei Stunden lang *Prime Of Life*, auf das über den Jahreswechsel *My Heart* und *A Dream That Can Last* folgten. Es sind die beiden Stücke, die *Sleeps With Angels* eröffnen und beschließen, zwei Wiegenlieder, zu denen ein übersteuertes Klavier im Saloonstil klimpert. Später entzückte sich meine Tochter an *Pocahontas*, genauer gesagt, an der noch besseren elektrischen Version aus *Year Of The Horse*, dem Livealbum von 1997. Das war die Zeit, als ich das Gefühl hatte, von jetzt an könnten wir zusammen richtig rocken.

Pocahontas gehört zu einer Serie von Liedern, mit denen Neil Young das indianische Amerika heraufbeschwört und selbst unter allen Rockmusikern zum Mythologen seines Kontinents geworden ist. Die Eroberung durch die Weißen gerät ihm zur wiederkehrenden Metapher für das zentrale Motiv seiner Kunst: den Verlust des Paradieses. Gleich, ob es sich um die Liebe, die Geschichte, die Politik, die Musik, seine eigene, mit der Hippie-Bewegung verwobene Biographie oder die Kindheit handelt, immer sind es ein ernüchterndes, verhängnisvolles Heute und ein unschuldiges, sagenumwobenes Gestern, das er in Umkehrung der Hegelschen Dialektik beschwört. Das ist so allgemein, wie es sich anhört. Wenn es zwei Topoi gibt, die sich durch die Geschichte des menschlichen Geistes ziehen, sind es die Liebe (und mit ihr die Geburt) und der Zerfall (und mit ihm der Tod). Die Grundform des ersten ist das Gedicht, die des zweiten das Epos. Alle Epik, die griechische nicht anders als die indische oder persische, ist aus dem Gedanken entstanden, daß die große Zeit vorbei sei. Gerade jene Epochen, die wir rückblickend für ihren kulturellen Reichtum bewundern, huldigen der Logik des Niedergangs – man muß sich nur an das Weh und Ach erinnern, unter dem Goethe und Schiller die Lage der deutschen Sprache und Literatur in ihrer Zeit besprechen. Es ist kein Zufall, daß Neil Young immer wieder die Form der Ballade aufgegriffen hat, musikalisch wie textlich, die epische unter den Liedformen. Alle seine Balladen preisen das Untergegangene, doch ist das Sentimentalische nur ein Gewand, das den Drang schillernd kleidet, das Mögliche gegen das Wirkliche zu erinnern. Das eben unterscheidet seine Haltung vom Konservativen und schafft gleichzeitig die Ambivalenz zu diesem, denn nicht immer ist zu unterscheiden, ob das Vergehende zu bewahren oder das Verlorene zu beklagen gesucht wird. Daß er das Mögliche in einer konkreten Vergangenheit ansiedelt, gibt seinem Aufbegehren einen konservativen Zug, der in den ernstgemeinten Ausflügen in die Welt und die Musik des Country und einzelnen reaktionären Äußerungen in Interviews seine Entsprechung in Neil Youngs Leben hat. Ich nenne es das Heideggersche an ihm, und es ist mir als solches, isoliert betrachtet oder in seiner Musik isoliert zum Klang gebracht, suspekt. Daß er sich jedoch der Funktion der Vergangenheit als eines Anderen bewußt ist und die Verklärung selbst reflektiert, daß er noch in der einzigen Strophe seines gesamten Werkes, in der er das Vergangene im Präsens, den *Sugar Mountain* als Gegenwart besingt, daß er selbst in dieser Hymne auf die Kindheit deren Angst und Unbehagen nicht übersieht: »It's so noisy at the fair«, das rettet ihn – meistens – vor der Nostalgie: »And the homeland we've never seen.« Nicht um das Gewesene geht es ihm, sondern um den Verlust. Das ist Adorno in ihm, der Heidegger eben deshalb so emotional attackiert hat, weil dieser an etwas Echtes rührte, aber es handzahm machte, so wie derjenige, der mit der Religion ringt und hadert, auf die Weichspülungen der zeitgemäßen Kirchen und des New Age als eine zu billige Antwort schimpft. Die starken und die schwachen Momente in Neil Youngs Musik, die ein Pendant in seinen oft kritischen, bisweilen jedoch restaurativen Versen und Wortmeldungen zur Politik haben, unterscheide ich für mich anhand der beiden Philosophen: wo er – und sei es in Westernstiefeln – Adorno folgt und wo er hippiemäßig in Heidegger abgleitet.

Aurora Borealis
The icy sky at night
Paddles cut the water
In a long and hurried flight
From the white man to the fields of green
And the homeland we've never seen

Ich gebe zu, daß Adorno, der ohnehin diese Art von Musik verabscheute, wohl kaum je einen »Versuch, *Pocahontas* zu verstehen«, unternommen hätte. Aber nun gut, es handelt sich ja auch nicht um Weltliteratur, sondern um einen Rocksong, nicht um klassische Neue Musik, sondern um neue Volksmusik. Und das Bild, das Neil Young mit fünf Pinselstrichen von den Indianern zeichnet, die unter dem Nordlicht (»Aurora Borealis«) in ihren Kanus vor dem Weißen fliehen, und der sechste Strich, der das Untergegangene ins Utopische wendet, das ist schon fabelhaft, es ist zugleich einfach, präzise und plastisch. Das Weinerliche der Stimme treibt die Schwermut des Textes auf die Spitze, während das Stück gleichzeitig durch das Leiernde seiner Melodie abgehalten wird, in die reine Betrübnis zu schlittern. Gewiß, *Pocahontas* ist ein Klagelied auf den negativen Urmythos des heutigen Amerika, aber es ist seinem musikalischen Charakter nach und, wie sich herausstellt, auch in seinem Text keine Elegie, es hat nichts von den Trauer- und Schmerzensgesängen der religiösen Passion. Eher ist man auf einen Bänkelsänger verwiesen, der auf einem belebten Platz in einer durchschnittlichen amerikanischen Großstadt die Geschichte Amerikas erzählt. Das gilt für die erste Version von 1979 auf *Rust Never Sleeps.* Die Einspielung auf dem *Unplugged*-Album von 1993 hat eben das Elegische, das die erste Version glücklich nur gestreift hatte; fast singt Neil Young nicht das Lied, sondern sinniert darüber, wie er es früher einmal gesungen hat. Das gefällt beim ersten Hören, aber das Stück verliert dadurch, so will es mir inzwischen scheinen, an Schärfe, Wucht und Tiefe. Es plätschert an einem vorbei. Alles, was *Pocahontas* auf *Unplugged* verliert, gewinnt es im *Year Of The Horse* dreifach und vierfach zurück. Die Lakonie, die der Melodie und dem Text zugrunde liegt, ist hier eine grimmige, brutale, sie ist so metallen wie die Instrumentierung, und genauso singt Neil Young, die Zähne gefletscht zu einem trotzigen Grinsen.

Wenn sich die ersten Gitarrenriffs aus einer quietschenden Rückkopplung als dröhnende Fanfare erheben und anschließend ein harter Baß, ein klares Schlagzeug und die mächtige, dunkle Rhythmusgitarre von Frank »Poncho« Sampedro zu einem Beat einsetzen, der nur anfangs gemächlich wirkt und unerbittlich nach vorne peitscht, mag man seinen Ohren, die von *Pocahontas* ganz anderes gewohnt sind, kaum glauben; aber je länger das Stück andauert, desto mehr reißt es mit, und je öfter man es hört, um so deutlicher wird, daß die elektrische die eigentliche Fassung des Liedes ist, mag Neil Young auch zwanzig Jahre gebraucht haben, bis er es herausfand. Der treibende Rhythmus, die herrlich klirrende Leadgitarre und sein furios grollender Gesang nehmen *Pocahontas* den größten Teil seiner Romantik; nicht mehr ein Klagelied ist es, nicht mehr ein Bänkelgesang, sondern eine Abrechnung. Der junge Mann, der es einst gesungen hat, ist erwachsen geworden, er lamentiert nicht mehr, er stellt fest. Er ist selbst ein Indianer:

They killed us in our teepees
And they cut our women down
They might have left some babies
Cryin' on the ground
But the firesticks and the wagons come
And the night falls on the settin' sun.

Vielleicht war der Sänger eines der Babys und lebt nun das ewige Leben, um die Geschichte seines Volkes vor dem Vergessen zu bewahren, denn die dritte Strophe wechselt mit der Zeitebene auch die Perspektive. Wie in einem Film, der mit einer Rückblende beginnt, von der man zunächst nicht weiß, daß es sich um eine handelt, und dann plötzlich den Zurückschauenden vorstellt, oder wie eine Kamera, die zunächst eine Kinoleinwand ohne deren Ränder zeigt und dann das Gesicht des Helden, der im Kino sitzt, so schwenkt die folgende Strophe vom Erinnerten auf den, der sich erinnert. Das Geniale an diesem Wechsel ist, daß er sich mitten in der Strophe und völlig unscheinbar vollzieht, so daß man zunächst überhaupt nicht versteht, wo man sich befindet. Von der ersten auf die zweite

Zeile überspringt der Text ein ganzes Jahrhundert, er hebt in der Prärie an und landet »schräg gegenüber der Bank«, inmitten der heutigen Großstadt, wo niemand fremder sein könnte als ein Indianer, dem doch früher einmal dieses Land gehörte, hier also, auf dem Bürgersteig einer belebten Straße, wo die Taxis quer über seine Füße fahren, hat man, so könnte man es beim zweiten Mal lesen, den Büffel geschlachtet oder schlachtet ihn täglich.

They massacred the buffalo
Kitty-corner from the bank
Taxis run across my feet
And my eyes have turned to blanks
In my little box at the top of the stairs
With my Indian rug and a pipe to share

Die Strophe ist eine surreale Skizze der Entfremdung, wie Marx und Fanon sie nicht hätten schärfer zeichnen können, ein Bild der Gewalt, die von der Zivilisation ausgeht. Und wieder endet sie, wie schon die erste Strophe, indem sie sich von der Situation abwendet und aus deren Gegenwart tritt: mit dem verzweifelten, rührenden Bemühen, sich an dem Vergangenen festzuhalten und der augenblickweisen Versöhnung eine Chance zu wahren: »With my Indian rug and a pipe to share«. Doch dieses Vergangene, so stellt sich in der nächsten Strophe heraus, ist für den Sänger ein bloßes Konstrukt, eine Fläche, auf die er seine Sehnsucht projiziert, die Sehnsucht nach einem anderen Leben. Erneut wechselt der Text die Ebene und kehrt zurück in die Zeit, als die weiße Zivilisation in das natürliche Leben der Indianer einbrach. Weil der Text nun preisgibt, eine Vorstellung, nicht eine Darstellung zu sein, erscheint er, und mit ihm sein Ich, ein weiteres Mal in einem neuen Licht. Darin gleicht er einem Vexierbild, das den Betrachter auf viele Fährten führt, bevor es sich erschließt, wenn es denn überhaupt die eine richtige Fährte angelegt hat.

I wish I was a trapper
I would give a thousand pelts
To sleep with Pocahontas
And find out how she felt
In the mornin' on the fields of green
In the homeland we've never seen

Als Beschreibung der Vertreibung, mit der alle Geschichte einsetzt, fing das Lied an. Anschließend entpuppte der Beschreibende sich zunächst als jemand, der selbst von der Katastrophe betroffen gewesen war, dann als ein Nachfahre der Indianer, der in einem unbehaglichen Heute lebt und die Katastrophe ins Gedächtnis ruft, und am Ende als jemand, für den der indianische Mythos das Gleichnis seiner eigenen Sehnsüchte oder das schlechthin Andere zum Bestehenden ist, als ein Weißer wahrscheinlich, als jemand wie Neil Young. Wie bei einer Zwiebel schält sich das literarische Ich heraus. Interessanterweise wünscht es sich nicht, ein Indianer, sondern ein Trapper zu sein.

Damit bewahrt es sich zum einen seine Ambivalenz – bei dem Ich könnte es sich doch um einen Indianer oder dessen Nachfahren handeln, um ein Opfer der Geschichte also, das sich wünscht, den Eroberern anzugehören – und benennt zum anderen präzise den Kern dessen, wonach die Menschheit seit dem Verlust des Paradieses strebt: mit dem jetzigen Bewußtsein den Zustand der Natürlichkeit wiederzuerlangen, als Erwachsener Kind zu sein. Nicht bloß will der Sänger mit der Indianerprinzessin Pocahontas schlafen – dann würde er davon träumen, selbst ein Indianerhäuptling zu sein –, sondern ein Trapper, ein Weißer will er sein, der mit ihr schläft, und zwar nicht, weil es sich so schön anfühlt, sondern um zu begreifen, wie sie, die Indianerin, fühlt, »am Morgen auf den grünen Feldern / In der Heimat, die wir nie gesehen haben«. Es ist immer und immer wieder die gleiche Bewegung, auf die die Menschen hoffen: den Kreis zu durchschreiten, um durch die Hintertür wieder ins Paradies einzutreten, das aber nicht mehr das gleiche sein wird, weil man selbst nicht mehr der Gleiche ist. Das ist Neil Youngs Leben, das ist seine Musik mit ihren immer neuen, manchmal beinah verkrampft, ja, manisch wirkenden Aufbrüchen, von hier wird erkennbar, warum er zugleich der Nostalgiker und der Ruhelose unter den Rockmusikern ist, der jede Veränderung als Verlust besingt, aber den Stillstand fürchtet wie der Teufel das Weihwasser: »It's better to burn out than to fade away.« Hier wird erkennbar: *Sugar Moun-*

tain und *Rust Never Sleeps* gehören zusammen, Heimweh und Fernweh sind zwei Saiten derselben Gitarre. Es kann nur besser gewesen sein, es muß besser werden als das, was ist.

Daß das Objekt der Begierde gerade Pocahontas ist, die Tochter des Häuptlings Powhatan, die den Frieden zwischen den Indianern und den englischen Siedlern vermittelte, weist auf die Sehnsucht nach Versöhnung und auf das Verlangen, die Vergangenheit zu wiederholen, um ihre Fehler zu vermeiden. Der Einbruch in das Paradies wird nicht als solcher beklagt, er hätte nur anders verlaufen sollen, so wie Neil Young in anderen Liedern nicht das Erwachsenwerden oder den Prozeß der Zivilisation bedauert, sondern die Brutalität, mit der beides sich vollzog. Wenn es geschehen mußte, hätte es anders geschehen müssen.

And maybe Marlon Brando
Will be there by the fire
We'll sit and talk about Hollywood
And the good things there for hire
Like the Astrodome and the first teepee
Marlon Brando, Pocahontas and me.

Die letzte Strophe ist die schönste, weil sie dem Text jene Leichtigkeit einhaucht, die längst in der Melodie liegt. Wenn wir schon bei Versöhnung sind, können wir da nicht auch Marlon Brando mit in die Runde nehmen, weil er im Western so toll spielt? Sie säßen dann am Lagerfeuer und würden über Hollywood plaudern, über den schönen Tand, den es dort zum vergänglichen Vergnügen gibt, Kinofilme zum Beispiel, und den glücklichen Ausgang von Geschichten. Bestimmt würden sie auch darüber reden, was mit den Indianern geschehen und nicht wiedergutzumachen ist. Und Pocahontas, die Indianerprinzessin, wäre ebenfalls dabei, und das wirkliche Indianien machte es sich neben dem projizierten bequem und nähme den Projizierenden mit in die Runde: Marlon Brando, Pocahontas und ich am Lagerfeuer – ein witzigeres, bescheideneres, selbstironischeres Bild der Utopie ließe sich nicht malen.

Die Begeisterung für *Pocahontas* hat lange angehalten. Sie setzte ein, kurz nachdem meine Tochter die Koliken überwunden hatte, und legte sich erst gegen Ende unseres Aufenthaltes im Ausland, wo ich beruflich zu tun hatte. Fast fünf Monate lang waren *Pocahontas* und *Human Highway,* das auf *Year Of The Horse* gleich im Anschluß folgt, die Musik, zu der sie einschlief. Die Kombination der beiden Stücke scheint sich vollständig an elterlichen Belangen orientiert zu haben. Für einen Vater wie mich, der seiner Tochter etwas Gutes tun und sie den Rock 'n' Roll fühlen lassen möchte, gleichzeitig aber gezwungen ist, sie zu Bett zu bringen, könnte die Abfolge nicht besser gewählt sein, denn nachdem wir zu *Pocahontas* den am Tag angestauten Emotionen zu ihrem Recht verholfen hatten, fing das akustische Gedudel von *Hu-*

man Highway uns auf, schunkelte es uns beide in zärtliche Träume und sie weiter in den Schlaf. Je nachdem, wie aufgekratzt oder erschöpft sie war, benötigten wir mehrere Durchgänge, damit sie bettreif wurde, und oft – wenn ich das Gefühl hatte, daß sie den Punkt, von dem an der Schlaf sich Bahn bricht, erreicht hatte, aber noch einen kleinen Anstoß brauchte, um ihn zu passieren – wiederholte ich nur *Human Highway.* Meine Frau konnte es nicht fassen, wie perfekt das allabendliche Musikprogramm seine Funktion selbst in Ausnahmesituationen, bei Krankheiten oder auf Reisen, erfüllte, zumal ihre Versuche mit afrikanischen Weisen oder anderem ethnologischem Material regelmäßig scheiterten oder sich zumindest endlos hinzogen, bis sie endlich von ihrem multikulturellen Starrsinn ließ. Mit Neil Young hat sie es nie probiert. Es herrschte, obwohl nie ausgesprochen, von Anfang an ein Einverständnis darüber, daß Neil Young ein Code bleibt, mit dem meine Tochter und ich kommunizieren. Meine Frau hätte auch kein Gefühl dafür gehabt, welches Stück in welchem Zustand notwendig war, und sie hätte wohl auch niemals die Geduld aufgebracht, über einen solch langen Zeitraum hinweg immer wieder dieselben paar Noten zu hören. Und meine Tochter bestand nun einmal zwischen ihrem dritten und sechsten Monat auf *Pocahontas* und gerade auch auf *Human Highway,* obwohl ich von letzterem selbst keineswegs angetan und es eher dem Zufall zu verdanken war, daß wir überhaupt darauf stießen.

Es lag einfach daran, daß das Stück auf *Pocahontas* folgt. Wahrscheinlich gibt es in solchen, den (vor dem Einschlafen) letzten Dingen keine Zufälle. So viele andere von Neil Youngs langsamen, sanften Stücken sind mir näher, und mir selbst hätte ich *Human Highway,* weil es zu simpel und gleichzeitig nicht simpel genug ist, nicht in solcher Regelmäßigkeit zugemutet, aber in Verbindung mit dem vorangegangenen *Pocahontas* und meiner müden Tochter auf dem Arm war es doch wundervoll. Zu der Zeit hatte meine Tochter übrigens die Position, in der sie anfänglich Neil Young zu hören pflegte, längst aufgegeben. Sie lag nicht mehr seitlich nach vorne blickend auf meinen Händen, sondern vergrub ihren Kopf entweder in der Kuhle zwischen Brustkorb und Schultergelenk oder an meinem Hals.

Als problematisch erwies sich im Ausland – ich hätte es mir vorher denken können –, daß ich keine vernünftige Anlage zur Verfügung hatte und die CD in den Laptop legen mußte, dessen Lautsprecher immerhin so schlecht nicht sind. Andere Stücke Neil Youngs kann man unter Umständen, wenn anders es sich nicht einrichten läßt, leise hören – *Pocahontas* gehört in der Live-Version nicht zu ihnen. Aber weil sie es bereits gut kannte, bevor wir für drei Monate in ein fernes Ausland flogen, hat es zunächst doch geklappt. Mein Laptop war laut genug, um die Erinnerung, nein: die akustische Vorstellungskraft wachzurufen, und das genügte in den ersten sechs, sieben

Wochen. Gegen Ende unseres Aufenthaltes bemerkte ich jedoch Abnutzungserscheinungen. Das abendliche Klangerlebnis verlor seine Einzigartigkeit und Magie. In den letzten zwei oder drei Wochen unseres Aufenthaltes schob ich *Year Of The Horse* nur noch sporadisch in den Laptop. Rein akustische Stücke, in denen die Stimme Neil Youngs mehr im Vordergrund stand, waren noch eher geeignet, meiner Tochter zu gefallen. Es war eine schwierige Zeit, wie man sich inzwischen wohl ausmalen kann, die zweite Krise im Verhältnis zur übrigen Welt und die erste leichte Enttäuschung im Verhältnis zu Neil Young. Dieser büßte seine Wirkung nicht völlig ein, doch zauberte er, so leise gestellt, nicht mehr.

Zum Glück kehrten wir bald schon nach Deutschland zurück; ich hatte unseren Flug sogar eigens umgebucht, um eine Woche früher wieder bei *Pocahontas* zu sein. Der Moment, da ich am Tag nach unserer Ankunft (ich wollte nichts überstürzen) mit meiner Tochter im Arbeitszimmer vor der Anlage stand, war ein ganz großer. Ich legte *Year Of The Horse* in das Gerät, tippte den sechsten Titel an und schob den Lautstärkeregler des Verstärkers nach rechts. Da war es, aus satten, zufriedenen Boxen, die meine Tochter damals noch nicht mit ihren Fingernägeln ruiniert hatte: die quietschende Rückkopplung, die trillernde Fanfare und der unglaubliche Rhythmus, nicht zu schnell, nicht zu langsam, zu dieser durchdringenden, etwas leiernden Melodie, die Neil Young klirrend auf seiner Gitarre spielt. Und dann begann er zu singen. In diesem Nu, da sich Neil Youngs Stimme zum »Aurora Borealis« erhob, wirklich erst dann waren wir endlich zu Hause angelangt. Diese Erfahrung war so stark, daß sie später einmal in mein akademisches Schaffen einfloß. Ich mußte einen Vortrag zum Begriff Heimat halten, und so versuchte ich, der für dieses Thema über keinerlei Vorbildung verfügte, dem aufgeklärten Publikum sowie den übrigen Experten für Trans-, Multi- und Postnationales zu erklären, daß ich mich heimisch fühle, wo Neil Young gespielt wird. Sie fanden das, glaube ich, nicht kompliziert genug. Hätte ich eine literaturwissenschaftliche Analyse von Neil Youngs Texten über den Verlust der Geborgenheit und die Fremdheit im Leben hinzugefügt, vielleicht wären sie zufrieden gewesen.

Ich habe selten so ausgiebig über Neil Youngs Texte nachgedacht wie in den letzten Tagen über *Pocahontas* oder zuvor über *The Last Trip To Tulsa.* Bei den Liedern waren es meist einzelne Verse oder Strophen, die ich aufschnappte, reflektierte, mir merkte. Es kam vor, daß ich ein Wort oder einen Satz falsch verstand und mich dadurch zu abenteuerlichen Deutungen verstieg. »Pocahontas« zum Beispiel war mir als Begriff völlig schleierhaft, bis ich mir das Booklet vornahm, den Text studierte, ein Lexikon zu Hilfe holte und erfuhr, daß es sich um eine berühmte Indianerprinzessin, eine historische Figur also, handelt. Ich hatte wohl angenommen, daß Pocahontas eine Frau sei, die mit den Indianern in irgendeiner Verbindung stand, aber um wen es sich handelte und wie genau sie hieß, das konnte ich nur vermuten und beflügelte eben deshalb meine Phantasie. Statt Pocahontas hörte ich immer etwas wie Procol Harum, den Namen dieser englischen Band, was ich mir nicht erklären konnte, so daß das Wort mir zum Synonym für die Schönheit und das Geheimnis einer fernen Frau geriet. »With my Indian Rug and a pipe to share« mißverstand ich als »With my Indian Love and a fight to share«, was das literarische Ich natürlich in einem völlig anderen Licht erscheinen läßt und zu ganz neuartigen Deutungen Anlaß gibt, die ich dem geneigten Leser aber vorenthalten möchte, da es selbst mir übertrieben erscheint, ihn mit den Interpretationen solcher Verse zu behelligen, die Neil Young gar nicht verfaßt hat (es handelt sich hier schließlich nicht um ein Buch über mich). Im selben Lied blieb »Aurora Borealis« eine seltsam klingende Buchstabenfolge, ähnlich wie die Siglen am Anfang mancher Koransuren, und statt »teepee« hörte ich »tv«: die guten Dinge, die es in Hollywood zum Ausleihen gibt, wie den Astrodome und den ersten Fernseher – auch nicht schlecht. Ganz genau verstand ich allerdings die einzige Zeile, die zweimal auftaucht: »In the homeland we've never seen.« Zusammen mit der Vorstellung von Marlon Brando, der sagenumwoben schönen Indianerin und Neil Young am Lagerfeuer reichte das bereits, um dem Text einen lebenslangen Platz in meinem Gedächtnis zu sichern. Wenn ich damals meiner Tochter *Pocahontas* vorsang, waren es immer die erste und die letzte Strophe, die ich in Ausschnitten und fehlerhaft vortrug, immer wieder die Heimat, die wir nie gesehen haben, und das Lagerfeuer, das am Ende eines schlechten Tages oder Lebens ein wenig zu versöhnen vermag, weil es viel weniger als eine Versöhnung ist, ein erschöpfter Frieden allenfalls.

Noch Monate nachdem ich meine Tochter kennengelernt hatte, gab es bis auf *Are You Ready For The Country?* kein Lied, dessen Text ich vollständig auswendig beherrschte. Das habe ich erst gemerkt, als ich ihr Neil Young vorsingen wollte, und es überraschte mich selbst. Von nennenswertem Nachteil war das nicht, denn man kommt, wie ich herausgefunden habe, mit ein paar Zeilen aus *Sugar Mountain, Only Love Can Break Your Heart* oder *Lotta Love* schon ziemlich weit, sollte gerade keine Anlage zur Hand und dennoch ein Baby zu beruhigen sein. Kleinen Schreihälsen scheint die Wiederholung der immer gleichen paar Akkorde und Worte nicht aufzustoßen, im Gegenteil (vermutlich bin ich nicht der erste, dem das auffällt). *Are You Ready For The Country?* mochte ich meiner Tochter nie vorsingen, ich halte es für eines der überflüssigen Stücke Neil Youngs. Daß ich den Text behalten habe, ist erstaunlich. Das Lied stammt von seiner ersten Platte, die ich je bewußt gehört habe, nämlich von *Harvest,* die mein Bruder als einzige von Neil Young besaß. Es ist bis heute sein populärstes Album, das einzige, mit dem er es je zur Nummer eins der Charts brachte; mit äußerstem Befremden mußte ich konstatieren, daß ein Stück daraus, *Heart Of Gold,* in den Flugzeugen von *Swissair* als Hintergrundmusik Fron tat (mögen sie pleite gehen dafür). Meine Sympathien für *Harvest* waren da bereits Jahre verflogen; lange Zeit war es mir sogar schier unerträglich, die Platte zu hören, weil sie so soft ist und die übrige Welt von Neil Young nur dieses eine Album zu kennen scheint. Gleich, wo man hinkommt, wird das Bekenntnis zu ihm mit der Bemerkung konfrontiert, das sei doch der mit *Harvest,* woraufhin die Falschen ihre Zustimmung bekunden und die Richtigen einen als Anhänger handtuchweicher Mädchenmusik aufziehen oder, schlimmer noch, im stillen als solchen abtun. Wenn sie spotten, kann ich mich unter Hinweis auf die zahlreichen Kracher Neil Youngs und seine große Anhängerschaft unter Punk-, Grunge- und jeder neuen Generation von Independentmusikern, die schon mehrere Platten zu seinen Ehren aufgenommen haben und ihn überhaupt für den Allergrößten, für ihren Paten halten, wehren. Aber wenn sie ihre Irritation für sich behalten, stehe ich wie bedeppert da.

Jedenfalls gefiel mir damals, als ich *Harvest* im Zimmer meines Bruders hörte, *Are You Ready For The Country?* besonders gut. Auch wenn ich heute die Banalität des Stückes deutlich wahrnehme und es zu den schwächeren eines ohnehin nicht herausragenden Albums zähle, spricht die Vorliebe für mich, finde ich, denn es ist der einzige Titel auf *Harvest,* der nach Rock 'n' Roll klingt. Mit den Jahren habe ich zwar herausgefunden, daß *Are You Ready For The Country?* eine ziemlich abgefederte Fassung dessen bot, was in der Welt der Rockmusik möglich ist, und sich anhört, als würde eine Country-Band versuchen, mal so richtig die Post abgehen zu lassen, aber seinerzeit kannte ich nicht so viel anderes. Meine Brüder besaßen Platten von Leonard Cohen, Genesis, Yes oder Pink Floyd. Letztere mögen wohl auch härtere Töne beherrschen, aber so ein einfach gestrickter, geradliniger Rock 'n' Roll ist deren Sache nicht (es gab einzelne Titel von Pink Floyd, die in die Richtung gehen, und die erfreuten sich dementsprechend meiner besonderen Wertschätzung als Kind).

Ich kann nicht sagen, daß ich damals, ich war acht oder neun Jahre alt, Neil Young schon verfallen war; ich hatte immer Phasen, in denen ich einzelne Alben oder Gruppen mochte, und im nachhinein muß ich gestehen, daß es insgesamt tatsächlich eher Pink Floyd waren, die mich durch diese Phase zwischen Kindheit und Pubertät begleiteten. Bis mir an meinem zwölften Geburtstag die Klassenkameraden gemeinsam *The Wall* schenkten (das wohl am häufigsten, nämlich vier- bis fünfmal täglich vollständig genutzte Geschenk, das ich je erhalten sollte), war meine absolute Lieblingsplatte *The Dark Side Of The Moon.* Unter all den Gruppen, die ich bis zu meinem Abitur hörte, sind Pink Floyd neben Led Zeppelin und natürlich Neil Young die einzigen, die sich meine Verehrung bewahrt haben (Pink Floyd mit Roger Waters, versteht sich, nicht die Greise, die auf einer Generation vom Golf unter diesem Titel firmieren). Die alles andere verzehrende Liebe zu Neil Young setzte später ein, mit vierzehn etwa, als ich auf *Rust Never Sleeps* stieß, was einen Quantensprung in meiner nicht bloß musikalischen Bewußtseinswerdung hervorrufen sollte; bis dahin war er einer von mehreren, sich ablösenden Favoriten. Jetzt, da ich das schreibe, fällt mir ein, daß ich mir meine eigenen wöchentlichen oder monatlichen (an die Frequenz erinnere ich mich nicht mehr) Top Ten aufzustellen pflegte, die ich auf sorgfältig gesammelten Zetteln vierfarbig festhielt. Ich sehe auch der Tatsache ins Auge, daß sich Mike Oldfield und manch andere Räucherstäbchen in diese Liste verirrten, sogar über einen sehr langen Zeitraum hinweg. Den Spitzenplatz machten allerdings durchweg Neil Young und Pink Floyd aus, bevor sich ersterer endgültig durchsetzte und ich die Liste dann auch bald aufgab, weil sich auf den vorderen Rängen ohnehin nichts mehr tat.

Es gab also immer Phasen, in denen eine Platte oder eine Band mein Leben dominierte, so wie ein junger Mann sich oft verliebt, bevor er sich auf eine Frau einläßt und Kinder zeugt. Anders als in der erotischen Liebe hatte ich in der musikalischen allerdings niemals das Gefühl, die Monogamie sei eine

Konvention, die, wenn überhaupt, aus pragmatischen Gründen zu befolgen sei. Und eine dieser Phasen meiner musikalischen Casanoverei, eine sehr frühe, bestand eben aus *Harvest*. Ich hörte die Platte rauf und runter, sooft mein Bruder sein Zimmer verließ. Wenn er allein im Zimmer war, wollte er immer nur lernen, aber hatte er Freunde bei sich, schlich ich mich zum Plattenspieler und legte klammheimlich *Harvest* auf. Das gelang auch deshalb relativ oft, weil ich unter seinen Freunden einen Verbündeten hatte, Matthias, seinen späteren Schwager. Er war für mich ein Star, was keineswegs nahelag, wenn man ihn kannte, da der etwas dickliche Matthias mit seiner Metallbrille und den damals schon lichten Haaren nach allem aussah, nur nicht nach dem Helden eines Zehnjährigen. Die seltsamsten Freundschaften und Sympathien ergeben sich bei mir, nur weil jemand dem gleichen Fußballverein oder derselben Musik anhängt wie ich. Es ist nicht nur, daß wir ein gemeinsames Gesprächsthema haben, und zwar eines, das mich im Gegensatz zu fast allem anderen, was die Leute sich und mir gewöhnlich zu sagen haben, tatsächlich interessiert; Menschen, zu denen ich sonst nicht den geringsten Bezug hätte, werden mir lieb, da sie etwas sehr Intimes mit mir gemeinsam haben. An das Gesicht, die Stimme, die Größe eines Vereinskameraden meines Bruders, der mit ihm überhaupt nichts zu tun hatte und nicht einmal in der gleichen Mannschaft spielte, mit dem ich im Leben vielleicht zwei Sätze am Rande eines Aschenplatzes gewechselt habe, kann ich mich erinnern, seinen Lebensweg von der Übernahme des väterlichen Kioskes bis zum Umzug seines Kioskes habe ich verfolgt, seinen Namen behalten, nur weil ich als kleiner Junge erfuhr, daß er Anhänger des 1. FC Köln ist. Erst vor kurzem habe ich ihn aus den Augen verloren: Als ich zu meinen Eltern fuhr und wie immer an dem Ladenlokal vorbeikam, sah ich, daß er seinen Kiosk aufgegeben hatte, und ich sorgte mich um ihn.

Was ich beschreibe, beschränkt sich keineswegs auf den Fußball oder die Musik. Es ist eine allgemeine Erfahrung. So wenig verbindet uns, wenn wir ehrlich sind, mit anderen Menschen, so mangelhaft sind unsere Möglichkeiten, das Wenige mitzuteilen und zu erfahren, daß ich die einzelnen Stellen, an denen wir uns berühren, als schmerzhaft und glücklich empfinde, daß ich sorgsam mit ihnen umgehe, sie mögen unscheinbar, sie mögen winzig sein, wenn sie nur wirklich sind. Und Fußball ist in meinem Leben wirklich, und Neil Young auch, und ebenso Pablo Neruda, Adorno und meine Barthaare: Bevor ich anfing, mich naß zu rasieren, war meine Haut nach jeder Rasur zum Hals hin wund und rot. Ich kann mich an einen Verkäufer in einem Fiat-Zentrum erinnern, von dem ich etwas wissen wollte, wahrscheinlich wegen des blauen Mirafioris, meines allerersten Autos, das mich schon als Siebzehnjährigen heimlich den Berg rauf und runter kutschierte, auf dem wir wohnten, vielleicht auch, weil ich mich nach einem neuen gebrauchten Mirafiori erkundigen wollte, als der alte es nicht mehr schaffte. Er, der Verkäufer, hatte einen Schnurrbart, eine Halbglatze, die er mit ein paar eigens unbeschnittenen Seitenhaaren zu verbergen suchte, und trug ein gelbkariertes Sakko. Meine eigenen Haare waren dagegen schulterlang und nach dem Modell Jimi Hendrix frisiert, meine Kleidung bestand aus einer blauweiß gestreiften Latzhose und mehreren viel zu weiten handgestrickten, bunten Pullovern (es kann also nicht Sommer gewesen sein). Zuerst hatte ich den längsten Pullover, der die Oberschenkel bedeckte, angezogen, darüber den zweitlängsten und so weiter. Voller Stolz schaute ich, so eingeschränkt mein Blickfeld auch war, durch die winzige Nickelbrille, die mir der Augentest für den Führerschein beschert hatte (–0,5 Dioptrien, gerade genug). Vor dem Schaufenster strahlte mein Mirafiori *(Rust Never Sleeps!),* für den mein Vater vergebens viel Geld bot, nur damit ich ihm erlaubte, mir ein anderes Auto zu kaufen. Das Bemühen meines Vaters dürfte einen Grund auch in dem *Fuck the Army*-Aufkleber gehabt haben, der schräg über dem D-Zeichen angebracht war und eine Schildkröte abbildete, die es mit einem Militärhelm trieb. In unserer gutsituierten Nachbarschaft mußte das unglaublich cool und provokant wirken, dachte ich. Ich stand vor diesem Verkäufer, der trotz meines Erscheinungsbildes sehr bemüht war, möglicherweise, weil er meinen Vater kannte, genau kann ich es nicht mehr sagen, und während wir sprachen, fiel mir auf, daß er das gleiche Problem mit dem Rasieren hatte wie ich. Die Haut unterhalb seines Gesichts war so rot und wund wie die meine. Es erscheint Außenstehenden – und zumal Frauen – gewiß nebensächlich zu sein, aber wenn nach jeder Rasur die Haut brennt und ausschlägt, macht sich das im Leben selbst dann bemerkbar, wenn man sich um seines revoluzzerhaften Aussehens willen nur alle zwei Wochen rasiert. Und im Leben dieses Mannes spielte die Rasur eine ebensolch ärgerliche Rolle wie in meinem Leben. Die Entdeckung, daß uns etwas verband, rührte mich so sehr an, daß ich Mühe hatte, das Gespräch fortzusetzen. Ich weiß noch genau, daß mir jener Gedanke, den ich soeben dargestellt habe, im Laufe der Unterhaltung mit dem Fiat-Verkäufer erstmals durch den Kopf ging: Was uns verbindet, ist wertvoll, gleich, was es ist. Es war bloß meiner Feigheit geschuldet, daß ich den Verkäufer nicht darauf ansprach; von einem Neunzehnjährigen wäre das allerdings auch zuviel verlangt gewesen. Nur einer hat mit neunzehn noch und wieder vom *Sugar Mountain* herabgesehen.

Matthias teilte als einziger weit und breit meine Leidenschaft, mehr noch: Er besaß sämtliche Platten von Neil Young. Er hatte sie alle. Keine einzige fehlte (wenigstens behauptete er das, mir selbst mangelte es seinerzeit am Überblick). Mir, dem Zehnjährigen, kam das wie ein Wunder vor. Mit nichts anderem hätte er mich, der ich nicht einmal zu der einzigen in unserem Haus befindlichen Neil Young-Platte ungehindert Zugang hatte, stärker beeindrucken können. Durch Matthias lernte ich Alben wie *On The Beach*, *Zuma* oder das damals gerade erschienene *American Stars 'n' Bars* kennen, von denen auf unserem Berg sonst bestimmt niemand etwas gehört hatte. Noch heute unterhalten wir uns, sobald wir uns bei Feierlichkeiten oder im Haus meines Bruders sehen (was selten vorkommt), so gut wie ausschließlich über die jüngste Entwicklung Neil Youngs, nur daß ich die Gemeinsamkeit heute, da das Leben uns in gegensätzliche Richtungen getrieben hat, viel bewußter als etwas Rettendes empfinde: Es hilft, ein Gespräch, das sich sonst nur in Platitüden erginge, zu überstehen, es sogar vergnüglich und nützlich zu finden, ja es beinah allen anderen Gesprächen des Familientreffens vorzuziehen. Matthias machte mich später auch auf *Rust Never Sleeps* aufmerksam, also auf die beiden Platten und vor allem den Film, den ich mir mit dreizehn oder vierzehn, nachdem er im Fernsehen gelaufen war und ich ihn aufgenommen hatte, täglich nachmittags im Wohnzimmer anschaute. Das war ein völlig neuer Sound für Neil Young und mich, das erste Mal, daß seine Musik nach Metall klang: seine überlegte und überlegene Antwort auf den Punk (sagte Matthias, ich selbst hatte das Wort kaum je gehört, fand aber, daß er recht hatte; später las ich, daß Johnny Rotten Neil Young als sein einziges musikalisches Vorbild bezeichnet hat). Ich beugte mich über die Rückenlehne des grünen Sofas, hinter dem sich der Einbauschrank mit dem Fernseher befand (und heute noch im Haus meiner Eltern befindet), so daß die Entfernung zwischen Augen und Bildschirm kaum mehr als dreißig oder vierzig Zentimeter betrug. In der einen Hand hielt ich die Fernbedienung des Fernsehers, um die Musik leiser zu stellen, sobald meine Mutter auftauchte, in der anderen die des Videorekorders, von der ich ausgiebig Gebrauch machte, um besonders eindrucksvolle Szenen durchschnittlich zwanzig Mal hintereinander zu studieren. Die Show war mir ein faszinierendes Mysterium; warum der Film etwa die gesamte zwanzigminütige Umbaupause zeigte, wollte sich mir partout nicht erschließen, so konzentriert ich auch den Roadies, die aus einem unerfindlichen Grund als Kapuzenmänner verkleidet waren, bei der Arbeit zuschaute. Auch von den Texten verstand ich, obwohl der Film deutsch untertitelt war, wenig, aber was ich verstand, beeindruckte mich tief (zum Beispiel die Zeile »I am just a dreamer and you are just a dream« aus *Like A Hurricane,* na ja, meine literarischen Ansprüche waren andere als heute). *Rust Never Sleeps* war meine Initiation. *Harvest* hatte ich zu dieser Zeit, ich deutete es bereits an, längst hinter mir gelassen.

Inzwischen kann ich *Harvest* wieder hören. Vor allem *Out On The Weekend* zieht mich jedesmal in eine bittersüß gelöste Stimmung zwischen Wehmut und

Aufbruch, deren Auslöser im Text Neil Young einmal präzise und doch selbst überrascht erklärt hat: »Ich sage im zweiten Teil des Verses wirklich, daß ich glücklich bin; ich sage, ich bin vollständig glücklich, indem ich ›Can't relate to joy, he tries to speak and can't begin to say‹ sage. Das bedeutet nichts anderes, als daß ich so glücklich bin, daß ich es nicht einmal mehr herausbringen kann. Aber es klingt nicht glücklich. So, wie ich es geschrieben habe, klingt es traurig.« Er ist glücklich, aber er ist traurig, das ist es: *Out On The Weekend* ist ein vollkommenes Lied, um abzuhauen oder wenigstens in den Urlaub zu fahren, mit einem Freund oder allein, auf jeden Fall ohne die Liebste, die man vermissen muß; ein Lied für die Tage, an denen man traurig ist, ohne einen Grund zu haben, und zugleich glücklich, obwohl man das Leben schrecklich findet. Die beiden Anfangsstrophen mit ihrem Wunsch, nach L.A. zu verschwinden, sind für mich zum Sinnbild für jene nicht übermächtigen, alltäglichen Sehnsüchte nach einem anderen Leben geworden, einer anderen Dimension der Liebe, die ich niemals verwirkliche, ohne deswegen bestürzt zu sein.

Think I'll pack it in and buy a pick-up
Take it down to L.A.
Find a place to call my own and try to fix up.
Start a brand new day.
The woman I'm thinkin' of – she loved me all up
But I'm so down today.
She's so fine she's in my mind. I hear her callin'.

Meiner Tochter habe ich *Out On The Weekend* oft vorgesungen, bemüht, zwischen den Zeilen den Rhythmus aus Schlagzeug, Baß und akustischer Gitarre nachzubilden. Weil ich niemals über die beiden ersten Strophen hinauskam und selbst diese nur zur Hälfte beherrschte, begnügte ich mich jedesmal nach einigen vergeblichen Anläufen mit der gesummten Melodie und dem gezischten Rhythmus, die ich abwechselnd vortrug. Irgendwann hatte ich genug von meinem Summen und Zischen, beendete stillschweigend meinen Boykott und kaufte die CD. Es war ein schöner Moment, als *Out On The Weekend* meiner Tochter zum ersten Mal aus dem Lautsprecher entgegenkam, da es sie sichtbar erstaunte. Etwas erkannte sie wohl wieder, ohne es einordnen zu können. Lange hielt ihr Staunen nicht an, und seitdem geschah es niemals mehr, daß sie in besonderer Weise auf das Stück reagierte, wenn sie es auf CD hörte. Von mir gesungen, gehört *Out On The Weekend* dagegen weiterhin zu den vier oder fünf Liedern, mit denen ich meine Tochter beglücke, obwohl ich den Text noch immer nicht auswendig gelernt habe. Ich halte *Harvest* nicht für ein starkes Album, weil es zu rund, zu abgeschliffen, gerade in der Betrübnis kommod ist und, bis auf das eine Mal, als meine Tochter es zum ersten Mal auf CD hörte, kaum irritiert, doch hat es einige gute Titel und einen, der an eine bestimmte Stelle in meinem Brustkorb rührt.

See the lonely boy, out on the weekend
Trying to make it pay.
Can't relate to joy, he tries to speak and
Can't begin to say.

Aus dem Ausland zurückgekehrt, an *Pocahontas* gewöhnt, konnten wir uns weiter in die Welt des Rock 'n' Roll wagen, uns ihrer Mitte nähern. Mit dem nächsten Stück, das sich unseren Ohren bot, waren wir bereits bei *Cortez The Killer* angelangt, einem echten Knaller also, der herrlichsten Ballade der Rockgeschichte. Sie enthält alles, was Neil Young ausmacht, die zarten Berührungen und den Grimm, die Ton gewordene Hilflosigkeit im Gesang und trotzig aufheulende Gitarren, das Thema des verlorenen Paradieses und die Suche danach, die Schönheit und die Erhabenheit, den Schrecken, die Lust und das sich abzeichnende Nichts. Mit *Cortez The Killer* beginnt die Mystik Neil Youngs.

Wieder war es ein sogenannter Zufall, durch den wir auf ein Lied stießen, das meiner Tochter im richtigen Moment das Richtige sagte. Trotz der Bekanntschaft mit *Pocahontas* hätte ich die Zeit noch nicht für reif gehalten, sie mit *Cortez* oder einem anderen Stück aus dem Album *Weld* vertraut zu machen, das ich deswegen gar nicht erst zu Hause aufbewahrte. *Weld* klingt nach Krieg. Die Musik entstand auf einer Tournee, die mit dem Zweiten Golfkrieg zusammenfiel, und nimmt dessen Echo auf. Sie ist gewalttätig, schrill wie aufeinanderschlagendes Eisen und, wie Neil

Young selbst sagte, »laut wie ein abstürzendes Flugzeug« – so laut, daß er sich eine Ohrenentzündung zuzog und eine Reihe von Konzerten absagen mußte. Die Biographen schildern, wie er und Crazy Horse, anstatt zu proben, vor den Auftritten die CNN-Bilder auf sich wirken ließen und anschließend bebend auf die Bühne traten. Vor allem die gräßlich verzerrte Version von Dylans Bürgerrechtshymne *Blowin' In The Wind,* die Neil Young allein mit kreischender E-Gitarre singt, verweist darauf, wie wenig von Peace & Love der Woodstock-Ära und also auch von seinem eigenen Pastell übriggeblieben war. Der Krieg beherrscht die meisten Stücke und verwandelt selbst die sanfteren wie *Crime In The City* in harten Rock; es gibt keine akustischen Verschnaufpausen, nur ein Ausschnaufen am Ende mit dem gemütlichen *Roll Another Number,* das als Zugabe gespielt wird. In zwei Liedern, die aufeinanderfolgen, sind Vertreibung und Völkermord im Text selbst das Thema. Und ausgerechnet eines davon, *Cortez The Killer,* sollte meine Tochter erwählen, einige Monate ihres Lebens zu untermalen. Ein Requiem.

Neil Young hat *Cortez* – Bootlegs nicht mitgerechnet – dreimal aufgenommen: das erste Mal 1975 im Studio für *Zuma,* vier Jahre später auf *Live Rust* und schließlich 1991, ebenfalls live, auf *Weld,* und von Jahr zu Jahr ist die Komposition wie ein guter Wein kräftiger, vollmundiger, ausdrucksstärker geworden, und wie manche Menschen ist sie von Jahr zu Jahr unerbittlicher und sensibler geworden. Schon mit der Fassung auf *Live Rust,* die erstmals nach Metall klingt, hatte sich *Cortez* als einer meiner drei, vier liebsten Rocksongs etabliert. Dann erlebte ich den Song, peinvoll und wundervoll in die Länge gezogen, 1987 in der Kölner Sporthalle, wo ich unmittelbar vor der Bühne stand. Die Gewalt ebenso wie die Faszination, die von dem Stück ausging, erschütterten mich. In seinem Spiel wie auch in seiner gesamten Präsenz auf der Bühne teilte sich mir nackte Verzweiflung mit: Wie ein Berserker drosch Neil Young auf die Saiten ein, als wolle er der Komposition alle Melodik austreiben, um dann wieder zu stocken, scheinbar um die Gitarre zu liebkosen, in Wirklichkeit aber, wie sich herausstellte, um sie nur anders, subtiler zu quälen. Das gesamte Konzert war merkwürdig verschlossen: Crazy Horse unaufmerksam und lustlos, Neil Young bockig, zwischen den Liedern von aggressiver Fröhlichkeit, die offenkundig etwas verdecken sollte, und im Spiel selbst wie ein Boxer, der auf einen Sandsack schlägt, um eine erlittene Niederlage zu vergessen. Wie ich aus den Biographien erfahren habe, lag ich mit meinem Eindruck nicht ganz falsch; die Tournee durch Europa muß die frustrierendste in Neil Youngs Laufbahn gewesen sein; die Konzerte waren nicht ausverkauft, er hatte Ärger mit der Plattenfirma, die ihn zu kommerziell nutzbaren Platten drängte und gleichzeitig nicht aus dem Vertrag entließ, er fühlte sich miserabel und lag zudem mit seiner Band, die er nach acht Jahren zum ersten Mal wieder zu sich gerufen hatte, über Kreuz, weil sie regelmäßig die Arrangements vergaß und noch verkehrter als gewohnt spielte – eine rundherum enttäuschende Angelegenheit also, in deren Folge er allerdings nach Jahren des mal kreativen, mal ungenießbaren Experimentierens zu jenem neuerlichen Höhenflug ansetzte, der bis heute anhält. Ich bin niemand, der ein Konzert von Neil Young schlecht findet, und gerade die Härte und brutale Exzentrik, mit der er die Gitarre behandelte, hätte mir eigentlich gefallen. Doch ich war beunruhigt, denn etwas stimmte nicht. Ich glaube im nachhinein, daß es das Moment der Disziplinierung war, das Neil Young fehlte, um sich in den Rausch zu spielen. Alle Ekstase setzt die Zügelung voraus. Sosehr er sich bemühte, so wild er musikalisch um sich schlug, blieb er doch außen vor. Seine eigenen Stücke wiesen ihn ab. Das Erstaunliche aber war, daß unter all den Stücken, die Neil Young an diesem für alle Beteiligten verhältnismäßig unerquicklichen Abend (natürlich nur im Verhältnis zu anderen seiner Konzerte) zu verwüsten suchte, ausgerechnet *Cortez* sich als unverwüstlich erwies, ja, daß es im Vergleich zu den bisherigen Fassungen an Intensität noch gewann. Die Verbindung, die aus der wunderschönen, klagenden Melodie, dem betulichen Rhythmus, den jammernden Gitarrenriffs und Neil Youngs dünner Stimme entsteht, ist so stark, daß jede Erschütterung sie nur stabiler erscheinen läßt. Vermutlich hat Neil Young gespürt, daß *Cortez* aus dem restlichen Konzert wie ein Gletscher aus einer Tiefebene herausragte, und es deshalb ins Endlose ausgedehnt, auf weit über zwanzig Minuten.

Auf der Doppel-CD *Weld* gelang ihm schließlich die Fassung, die drei Jahre zuvor schon oder nur angeklungen war. Sie bewahrt die unbedingte Emotionalität, die mich in Köln überwältigt hat, zwängt sie aber in ein verhältnismäßig kunstvoll gestaltetes Arrangement (im Verhältnis zu anderen seiner Arrangements), das er und Crazy Horse einzuhalten versuchen, als hinge davon ihr Leben ab – fast gelingt es ihnen sogar. Selbst wo es dröhnt, wo es scheppert, schreit und jammert, ist die Musik schön wie das Plätschern eines Baches im Garten Eden. Ja, wie Wasser, das um so schneller fließt, je mehr man es einengt, so katapultiert die Komposition ihn und seine Band zu jener Stelle, an der Rausch und Bewußtsein sich berühren. Ich bin nicht vom Fach, und mir fehlt das musikalische Vokabular, um zu benennen, was in diesen knapp zehn Minuten passiert. Mir kommt es wie Magie vor, was Neil Young mit seiner Gitarre treibt; als verliefen deren Saiten quer durch meine Seele, bringt mich nach einer kurzen Weile jeder Ton, den er anschlägt, zum Beben.

Das Thema von *Cortez The Killer,* einem Lied, das es nach seiner Veröffentlichung tatsächlich geschafft hat, verboten zu werden, ähnelt dem von *Pocahontas.* Erneut beschreibt Neil Young die Invasion Amerikas und die Vernichtung der indianischen Zivilisation, doch diesmal aus einer anderen Perspektive. Nicht eine Indianerin ist die Titelfigur, vielmehr ein Eroberer, Hernando Cortez, der am 8. November 1511 in Tenochtitlán, der Hauptstadt des Aztekenherrschers Moctezuma, einzog.

He came dancing across the water
With his galleons and guns
Looking for the new world
And that palace in the sun.

Anders als in *Pocahontas* gibt Neil Young der Schilderung des indianischen, in diesem Fall aztekischen, Amerika breiten Raum, aber indem er es idealisiert, macht er es als das schlechthin Andere kenntlich. Auch hier ist nicht das Paradies, ist dessen Vernichtung das Thema:

They carried them to the flatlands
And they died along the way
But they built up with their bare hands
What we still can't do today.

Cortez ist epischer als *Pocahontas* angelegt, linearer; der Text wechselt nicht die Erzählebenen, verzichtet auf jenen Grimm, der als Humor durchgehen könnte, und läßt das literarische Ich und dessen Situation im Heute außen vor. Erst am Schluß springt Neil Young unvermittelt in eine andere Zeit, wodurch er auch diesem Stück, das im Text und in der Musik eine Totenklage von antikem Ausmaß ist, einen utopischen Zug einhaucht. Das Moment der Überraschung ist um so größer, als Neil Young die letzte Strophe mit der vorherigen verschränkt, indem er ohne Atem zu holen weitersingt, so daß es fast wie Trotz wirkt, den zu demonstrieren er sich beeilt, bevor das Lied zu Ende geht.

And I know she's living there
And she loves me to this day
I still can't remember when
Or how I lost my way.

Wegen dieser Strophe ist *Cortez The Killer* ein Epos über die Menschheit: ihr unlogisches Festhalten daran, daß das, was ist, nicht alles und Erlösung möglich ist, daran, daß wir geliebt werden, ein Glaube so realistisch wie die Existenz einer verborgenen aztekischen Prinzessin im heutigen Mexiko-City; die Katastrophe des Anfangs als schemenhafte Erinnerung, die Verstrickung in eine Schuld, von der wir nicht einmal genau wissen, worin sie besteht – im Zweifel darin, ein Mensch zu sein, dem Geschlecht eines Mörders wie *Cortez* anzugehören: »For the angry gods to see.«

Mein Bruder, meine Schwägerin und jetzt auch noch, nachdem sie am Wochenende selbst eins besucht hat, meine Frau drängen mich, an einem dieser Psychoselbsterfahrungsfamilienaufstellungskörpertantrapersönlichkeitsentwicklungsseminare teilzunehmen, die für nicht ganz junge, nicht ganz alte Besserverdienende offenbar so selbstverständlich geworden sind wie die Steuererklärung. Jeder müsse wissen, was da am Anfang vorgefallen sei, nur so ließen sich all die Blockaden lösen, die uns am harmonischen Leben hinderten. Gerade ich hätte reichlich davon, so verschroben, wie ich mich gebe, mit meiner Migräne und den Rückenleiden, so unwillig zur Kommunikation und den minimalen Anforderungen an eine erfüllte Partnerschaft zu entsprechen – ein klarer Fall von frühkindlichem Trauma. Meine gesammelten Blockaden zu Hilfe nehmend, wehre ich alle Vorschläge ab. Ich habe meinem Bruder gesagt, daß mich die Möglichkeit, meine Säuglingsängste nachzuerleben, eher weniger interessiere und ich meine Neurosen aushalte. Wenn jemand anders nicht mit ihnen umgehen könne, müsse er mich entweder meiden oder von mir lernen, einen Umgang damit zu finden. Schwierig sei das nicht. Wenigstens schlüge ich niemanden und sei also nicht gefährlich. Meiner Frau, die mich deswegen selbstgefällig findet, habe ich gesagt, daß mir reicht, was ich weiß. Es sei offenkundig, daß die meisten Neurosen ihren Ausgang im frühesten Alter nehmen und der Sturz in die Welt die seelischen Knochen eines jeden Menschen zertrümmere. Manchen fällt das nicht auf, andere rennen zum Seelenchirurgen, geben sich der Mystik, der Rückkehr zu Gott hin, werden Künstler oder hören Neil Young, um mit dem Trauma fertigzuwerden – tausend Wege, unter denen der Gang ins Psychoseminar nicht der nächstliegende sei. Das einzige, was in jedem Fall getan werden müsse, sei die Anstrengung, die eigenen Kinder, wenn sie schon nicht aufzufangen seien, so sanft, wie es nur irgend geht, fallen zu lassen. Aber daß am Anfang die Vertreibung aus dem Paradies stehe, das lehre doch schon die Bibel, darüber müsse ich doch nicht aufgeklärt werden. Und dann habe ich meiner Frau Neil Young zitiert, die letzte Strophe aus *Cortez:* »And I know, she's living there ...«, sowohl die Vermessenheit zu hoffen, als auch das Bewußtsein, daß etwas schiefgelaufen ist, ohne sich erinnern zu können, wo und wann genau das gewesen sein könnte. Jemand, der sich verlaufen hat, kann in der Regel auch nicht mehr exakt sagen, welche Ecke es war, an der er in die falsche Straße eingebogen ist. Wir glichen den Indianerbabys aus *Pocahontas,* die als einzig Lebende schreiend auf dem Boden lagen, als die Weißen abzogen. Was immer sie an Wissen und Vermutungen später zusammentrügen, die Erinnerung an den Überfall der Cowboys bliebe so vage, daß sie den Namen nicht verdiente. In *Pocahontas* ist das mit einer Lakonie gesungen und gespielt, die das einzige Tor öffnet, das Rettung verheißt, nämlich in den Humor, den Blödsinn. Bei *Cortez The Killer* haben wir es dagegen mit einer wirklichen Passion zu tun, und mit was für einer: Die Melodie vereinigt Schönheit und Tod wie eine *Blume des Bösen.* Tanzend mordet Cortez.

Le passant chagrin que tu frôles
Est ébloui par la santé

Qui jaillit comme une clarté
*De tes bras et de tes épaules.**

Melodisch besteht *Cortez* aus einem einzigen, schlichten Thema in Moll, das Neil Young in drei Abschnitten zu einem äußerst getragenen Rhythmus vorträgt, einem Beat so schnell wie ein Trauermarsch. Die ersten knapp drei Minuten führt er das Thema auf der Gitarre ein und meditiert darüber. Dann hebt der Gesang an und gliedert sich die Leadgitarre in den Rhythmus ein, wo sie sich fortan bis auf einzelne, kurze Vorstöße im Hintergund hält. Alle sieben Strophen singt Neil Young fast in einem Ton, einer Lautstärke, einem Tempo; nur zwei- oder dreimal wird seine Stimme zum Zeilenende vom dreistimmigen Chor begleitet und dadurch in eine andere Sphäre erhoben; nur einmal wird sie von einem knappen Zwischenspiel auf der Gitarre unterbrochen. Hat diese im instrumentalen Anfang das Thema eher umkreist, als es zu entfalten, so wagt sich der Gesang umgekehrt nicht aus dessen Mitte. Erst mit den letzten beiden Worten der Schlußstrophe – »my way« – fährt die Stimme zu einem erschrockenen Rufen hoch, das aber rasch von der Gitarre verschluckt wird. Diese schwillt nämlich zu einem gewaltigen Körper aus Klang und Bewegung

* Den Kummervollen, den du im Vorübergehen streifst, trifft blendend die Gesundheit, die als Helle von deinen Armen und Schultern strahlt (Baudelaire, Übersetzung von Friedhelm Kemp).

an, angefeuert von Schlagzeug, Baß und Rhythmusgitarre, die nun, einem Riesen gleich, der geweckt worden ist, sich erheben. Was damit einsetzt, ist der dritte Abschnitt von *Cortez The Killer* und sind die drei vielleicht ergreifendsten Minuten der Rockmusik, in denen die Musik wie ein Feuerball in die Luft steigt, verglüht, und nur die Gitarre sich einsam behauptet, wie sie ihrem eigenen Echo lauscht, das wiederum ein neues Echo hervorruft und so den Blick in einen musikalischen Doppelspiegel erlaubt, der ins Unendliche weist. Ein Blinzeln lang ist die Ewigkeit zu erkennen, bevor der Gesang schon wieder einsetzt und das Lied an seinen Beginn erinnert.

He came dancing across the water
Cortez, Cortez
What a killer.

Zweimal singt Neil Young die Eingangszeile, jeweils mit dem Zusatz, der auch der Melodie geschuldet ist. Anschließend wiederholt er, schreiend, nur das Wort »killer« und gibt der Musik damit das Signal, sich noch einmal zu einem Donner zu verdichten oder sich in einen Rausch zu steigern, der peinigt, bevor er in seinem Höhepunkt alle Empfindungen schluckt wie zuvor die anschwellende Musik die Stimme. Und als es der Gitarre gelingt, als sie im zweiten Anlauf, gleichermaßen angetrieben und gefolgt vom Derwisch-Orchester namens Crazy Horse, schließlich den Punkt überschreitet, an dem Erschöpfung sie beruhigen könnte, wird sie von Neil Youngs klarem Gesang und dem sanften Chor der Verrückten Pferde mit einem Hauch, mit der ersten Silbe der erweiterten Anfangszeile zum Erlöschen gebracht wie ein sturmgepeitschtes Meer allenfalls von Gottes Atem. Am Ende sind nur noch Töne ohne Musik.

Es gibt eine Sekunde in diesem letzten Teil von *Cortez,* die ich besonders mag, relativ am Anfang. Sie ist ganz unscheinbar und dürfte den wenigsten aufgefallen sein. Eben als die Musik zum ersten Mal in die Höhe gestiegen ist und der Hörer zum ersten Mal das Gefühl hat zu schweben, pfeift jemand. So groß ist der Lärm, daß ich mir nicht erklären kann, warum der einzelne Pfiff durchdringt. Aber er tut es. Jemand im Publikum muß gewußt haben, daß der Band ein begeisterter, anfeuernder Abschiedsgruß gebührt, bevor sie sich vorübergehend von dieser Welt davonmacht, und seine Kehle an einen Verstärker angeschlossen haben. Das soll Unsinn sein? Dann bleibt der Pfiff eben ein Wunder.

Meine Tochter entdeckte *Cortez* im Auto. Im Ausland war es selten vorgekommen, daß wir längere Strecken mit dem Wagen fuhren, und wenn, dann saß oder lag sie in unseren Armen, da in dem Land, in dem wir lebten, weder Kindersitze gebräuchlich sind noch die Sicherheitsgurte, mit denen sie befestigt werden. Zurück in Deutschland saß meine Tochter nicht nur öfter und länger im Auto – sie fand sich auch allein auf der Rückbank wieder, die Eltern weit weg auf den vorderen Plätzen. Das behagte ihr nicht. Schon bald begann sie zu nörgeln und spätestens auf der Autobahn ihren Mißmut brüllend kundzutun. Musik sollte helfen, meinte ich, stellte aber fest, daß die CDs, die sich im Handschuhfach, in den Seitenfächern und auf dem Boden befanden, allesamt unbrauchbar waren, da ihrer Zusammenstellung ein einfaches Prinzip zugrunde gelegen hatte: Die wichtigsten unter jenen CDs, die ich zu Hause wegen meiner Tochter nicht oder mindestens nicht in der nötigen Lautstärke hören konnte, hob ich mir fürs Auto auf. Dazu gehörten neben einigen Prunkstücken Neil Youngs auch symphonische Kompositionen, die ihr zu gedämpft, oder Jazzalben im Stile John Zorns, die ihr zu penetrant waren. Ich verwarf daher den Gedanken, meiner Tochter Musik vorzuspielen, und hoffte, meine Frau werde sie schon durch gutes Zureden, lustige Grimassen und heitere Spiele beruhigen. Aber die Hoffnung erwies sich als trügerisch, meiner Frau Zureden, Grimassen und Spiele als weder gut noch lustig und schon gar nicht als heiter. Die Situation spitzte sich zu, als wir gerade die Autobahnausfahrt Moitzfeld passierten. Erneut ließ ich mir von meiner Frau die vorliegenden CDs auflisten und überlegte, welches Stück meiner Tochter notfalls zuzumuten wäre. Da Klassik nicht genügend penetrierte, um gegen das Gekreische meiner Tochter anzukommen, und Jazz im Stile John Zorns nicht ausreichend dämpfte, um sie zu besänftigen, kam ohnehin nur Neil Young in

Frage, genaugenommen hatte ich die Wahl zwischen dem rumpelnden Gitarrensolo von *Dead Man,* dem scheppernden Sound billiger Keyboards, ungehobelter Gitarren sowie eines extrem weit nach vorne gemischten Schlagzeugs auf *Landing On Water* und eben dem dröhnenden Groll von *Weld.* So wenig Auswahl war das nicht, stecken doch Rumpeln, Scheppern und Dröhnen das Spektrum Neil Youngs schon weitgehend ab. Unter den drei musikalischen Farben versprach das Dröhnen am ehesten, den schreienden Hintergrund, den meine Tochter auf der Rückbank malte, zu überdecken, überlegte ich und ging im Geiste die Stücke auf *Weld* durch. Und jetzt erst, viel zu spät, kam mir *Cortez* in den Sinn. Ja, das könnte funktionieren, rief ich wortlos und riß meiner Frau die Hülle aus der Hand, um CD Nummer 2 in das Gerät zu schieben und die Lautstärke aufzudrehen. Mit dem Gejohle eines Konzertpublikums und einem einzelnen Kracher auf der Gitarre setzte sich das wattstarke Soundsystem, das unser ansonsten eher altersschwaches Automobil von allen Innenseiten beschallt, in Gang, ohne daß meine Tochter reagierte. Dann jedoch zupfte Neil Young auf der Gitarre jene Melodie, die mich seit den Tagen der grünen Sofarücklehne und der beiden Fernbedienungen als ein Freund begleitet, und setzten einige Takte verspätet Crazy Horse zu dem vertrauten Rentnerrhythmus ein – und meine Tochter ward still. So abrupt trat ihr Schweigen ein, daß es ein paar Sekunden dauerte, bis meine Frau und ich es verdutzt bemerkten. Das Lächeln, das ich meiner Frau kurz hinter der Autobahnausfahrt Untereschbach zuwarf, darf man sich nicht triumphal genug vorstellen. Seitdem war *Cortez The Killer* das Stück, das meine Tochter und ich im Auto hörten, mochten meine Frau oder andere Fahrgäste nach der vierten oder fünften Wiederholung stöhnen, wie sie wollten. Stirnrunzelnd mußten sie hinnehmen, daß meine Tochter auf jede andere Musik mit beginnender Unruhe antwortete.

Cortez war das letzte große Lied, in das ich meine Tochter einführte. Es bildete eine Grenze, die sie nicht mehr überschritten hat. Die Stücke, die danach gekommen wären, hätten sie in ihrem Alter überfordert. Darüber machte ich mir keine Illusionen. Schon bei *Cortez* selbst hatte ich den Eindruck, daß es meine Tochter nicht wirklich in sich hineinsog. Gewiß ist es schwer zu sagen, was im Inneren eines knapp einjährigen Mädchens vor sich geht, wenn es eine bestimmte Musik hört. Sie wollte *Cortez* hören, das sah ich. Aber es schien mir, oder ich bildete mir ein, das Stück habe sie mehr durch seine Glut beeindruckt, als daß es zu ihr gesprochen habe. Oder anders ausgedrückt, denn natürlich sprach es zu ihr, sonst hätte sie *Cortez* nicht ihr Ohr geliehen: Es sprach zu ihr, doch in einer fremden Sprache, die sie faszinierte, aber nicht verstand, zumindest nicht im gewöhnlichen Sinne. *Cortez* wies in die Zukunft, in die Gewalt, in den Krie zugleich in die menschengeschaffene Schönheit stand nicht für ihre verlorengehende, sondern für unsere bestehende Welt, für das, was ihr bevorstand. Sie konnte es wie ich hören, aber nicht wie wir verstehen.

Das nächste Lied oder eines der nächsten Lieder wäre wahrscheinlich *Down By The River* gewesen. Ich habe die Stücke, die ich meiner Tochter vorstellte, nicht nach einem Plan ausgewählt. Manche CDs liefen wiederholt im Hintergrund, bis sich ein einzelner Titel herauskristallisierte. Mit vielen Stücken liebäugelten wir ein paar Tage, bevor meine Tochter sie doch verwarf. Manchmal kam mir spontan die Idee, ein bestimmtes Stück auszuprobieren; sobald ich es auflegte, wurde mir für gewöhnlich rasch klar, ob es für die Zwecke eines Vaters zu gebrauchen war oder nicht. Und doch meine ich im nachhinein eine Linie zu erkennen, der die Auswahl und Abfolge der Kompositionen folgte. Sie beginnt mit dem akustischen, in sich gekehrten *Last Trip To Tulsa* und setzt sich mit anderen akustischen, aber schon expressiveren Liedern wie *Sugar Mountain, Borrowed Tune, Only Love Can Break Your Heart* oder *After The Goldrush* fort, in die sich bereits Stücke wie *Helpless* oder *I've Loved Her So Long, Mellow My Mind, Tired Eyes, For The Turnstiles* mischten, die mit der Band eingespielt worden, aber immer noch tendenziell ruhig waren. Dann kamen meiner Tochter mit dem Album *Sleeps With Angels* erstmals härtere Töne und ein richtiger Beat unter, der sie auf die späten Live-Versionen von *Pocahontas* und *Cortez The Killer* vorbereitete. Es war natürlich nicht so linear: Auf Rocknummern wie *Lookout Joe, Stupid Girl* folgte das gehauchte *Little Wing;* ihre Begeisterung für *Sleeps With Angels* begann mit dem dynamischen *Prime Of Life* und schloß erst später die beiden Wiegenlieder ein, die das Album eröffnen und beenden, wogegen sie auf der CD *Life* das hymnische *Long Walk Home* gleichzeitig mit dem krachenden *Too Lonely* ins Repertoire aufnahm. Mit manchen Platten, die ich ihr nahelegte, etwa Neil Youngs Ausflug in den Blues, *This Note's For You,* schloß meine Tochter partout keine Freundschaft. Stücke von depressiver Zurückgezogenheit wie *Round & Round, I Believe In You* oder das großartige *Danger Bird* spürte sie sehr spät auf, lange nach unserer Rückkehr aus dem Ausland, also erst weit mehr als ein halbes Leben nach *Pocahontas.* Nein, die Beziehung meiner Tochter zu Neil Young folgte keinem Stufenplan. Aber eine Linie ließ sich, und sei es schemenhaft, doch ausmachen. Sie reichte von den sanften zu den harten Tönen, von der akustischen zur elektrischen Gitarre, von der Meditation zur Ekstase. Und nachdem wir *Cortez The Killer* bereits erreicht hatten, hätte sich eines nicht mehr fernen Tages *Down By The River* vor uns aufgestellt und damit unweigerlich auch *Cowgirl In The Sand,* das Neil Young in derselben Nacht wie *Down By The River* »bei 103° Fieber im Bett in Topanga« komponiert hat, und wenn sie der Betörung der Zwillinge einmal erlegen gewesen wäre, hätte sie vor den nachfolgenden Stücken kaum noch haltmachen können, aber diesen Weg ging meine Tochter nicht mehr mit.

Ich sage Weg. Unter den vielen Liedern, die man eigentlich nur im Auto oder jedenfalls unterwegs, am Fenster eines Zuges oder eines Flugzeugs, hören darf, ist *Down By The River* die Königin. Um es seinem geziemenden Ort zuzuführen, habe ich mir nach einem knappen Jahrzehnt der Abstinenz eigens ein Auto angeschafft. Das klingt übertrieben, ist es aber nur, insofern es noch ein paar andere Stücke Neil Youngs waren, die mich zum ökologischen Sündenfall verführten, da ich sie endlich wieder im Auto auflegen wollte. Aber dieses hier ist, wie gesagt, die Königin der Landstraßen und Autobahnen.

Ich sagte Weg. Wie kein anderes Lied hat mich *Down By The River* die letzte Hälfte meiner bisherigen Jahre begleitet, oder vielmehr: mein Leben war eine Begleitmusik zu der Strecke, die *Down By The River* fährt wie der Käfer früher in der Werbung. Mein Leben, oder wenigstens mein drittes Jahrzehnt, war die veränderliche Landschaft, die sich mir zum immergleichen Motorengeräusch auftat. Ja, wann immer ich das Gitarrenriff, mit dem *Down By The River* wie mit den Fingern schnippend anfängt, vernehme und die erste Runde des ebenso berühmten Beat vorbei ist, habe ich das Gefühl, in einem Wagen zu sitzen, einem alten, weichgefederten Schlitten, der soeben losgefahren und auf den Highway eingebogen ist. Man braucht das Stück nicht zu kennen, um schon mit den ersten

Takten zu wissen, daß eine lange kurvenlose Strecke bevorsteht. Durch die Wüste führt sie mich, durch unbekannte Länder, um nie mehr zurückzukehren, um niemals anzukommen. Dieser Anlasser auf der Gitarre und die wenigen Takte, die sich anschließen, bevor Neil Young mit der ersten Strophe die Melodie einführt, in diesen vielleicht fünfzehn Sekunden ist bereits das Unbedingte eines absoluten Aufbruchs mitgeteilt, bei dem man sich ebenfalls nicht gleich zu Beginn verausgabt. Erst einmal gilt es, ein zügiges, aber nicht zu anstrengendes Lauftempo zu finden, das einen weit trägt, oder eine Geschwindigkeit, die schnell ist, aber nicht zu schnell, um das Gaspedal festzuklemmen, weil man seine Aufmerksamkeit dem Wind widmen möchte, der einem ins Gesicht schlägt, und der Straße, wie sie im Horizont verschwindet. Natürlich ist es das Tempo, das stoisch Holpernde oder wie ein Motor Ratternde des Beats, das den Beginn einer langen Fahrt assoziieren läßt; vor allem aber ist es das Unausgeschöpfte einer enormen Kraft, das zu spüren ist, diese Gleichzeitigkeit von Anspannung und Entspannung, die ein Marathonläufer auf den ersten Metern herzustellen sucht. So enorm seine Kräfte sind, muß er dennoch mit ihnen haushalten, kann er nicht von der ersten Sekunde an sprinten, sondern muß den Lauf im Gegenteil besonnener angehen, als er es intuitiv vielleicht würde, und etwa den Atem kontrollieren, damit der Puls nicht zu schnell ansteigt; aber diese relative Ruhe, zu der er sich zwingt, ist in höchstem Maße mit Energie und Bewußtsein geladen, eben das kennzeichnet sie: Der Beat von *Down By The River* trägt weit. Mein halbes Leben trägt er schon und hat sich noch längst nicht erschöpft. Ich meine das ganz konkret. Wer sich auf das Tempo des Stückes einläßt und sein Leben danach richtet, dem geht so schnell die Puste nicht aus, sobald vergeblich angebetete Frauen oder andere Ungetüme (kreischende Babys zum Beispiel) sich als Berge vor einem auftürmen. Der Beat von *Down By The River* lehrt, das Leben in seiner rechten Dimension zu sehen, nämlich als langen Marsch, der zu nichts führt. Eine Einjährige allerdings muß das noch nicht sehen. Wahrscheinlich enthielt ich meiner Tochter auch deshalb *Down By The River* vor. *Cortez* konnte ich sie schnuppern lassen, aber *Down By The River* wäre eine Portion zu viel Wirklichkeit gewesen. Mein Zögern hatte zudem einen Grund im Refrain: »Down by the river / I shot my baby.« Wenn man gerade sein Baby im Arm hält, verdirbt er einem den Spaß. Da hilft es auch nicht, sich vor Augen zu führen, daß der Refrain, der Text oder die Melodie das Unwichtigste an dem Stück, daß sie nur dessen spannende, schöne, aber nahezu beliebige Rahmenhandlung sind. Es gibt Wesentlicheres, zum Beispiel den Beat, der das Brett oder vielmehr das Trampolin ist, von dem die Musik abspringt. Ohne diesen Langstreckenbeat vermöchte sie es niemals, sich in solche Höhen zu schwingen. Und am Ende geht es nur um die paar Sekunden, in denen Neil Young, Crazy Horse oder wir schweben, so daß wir den Weg vergessen, seine Anstrengung und ebenso, daß er zu nichts führt. Um nichts anderes geht es.

Was *Down By The River* auszeichnet, sind die in die Endlosigkeit weisenden Instrumentalpassagen, die Tänze, die Neil Youngs und Danny Whittens Gitarren aufführen, hier genauso wie auf *Cowgirl In The Sand,* dem zweiten langen Stück auf Neil Youngs zweitem Soloalbum *Everybody Knows This Is Nowhere.* Diese Improvisationen für zwei E-Gitarren bilden bis heute das Zentrum von Neil Youngs Konzerten mit Crazy Horse, auch und erst recht nach Whittens frühem Herointod, als Frank »Poncho« Sampedro die Rhythmusgitarre übernahm. Namentlich in den Konzerten sind die einzelnen Stücke kaum mehr als Anlässe, um zu improvisieren. Die Gitarrenimprovisationen von Neil Young und Crazy Horse sind in verschiedener Hinsicht spezifisch: Das beginnt damit, daß es sich um wirkliche Duette handelt, die Rhythmusgitarre also gleichberechtigt neben der Leadgitarre steht und speziell in *Down By The River* sogar deutlich nach vorn gemischt ist. Auch ist das Tempo viel langsamer als bei den anderen großen Gitarristen, und Neil Young beschränkt sich auf einzelne Noten, anstatt die phantastischsten Töne hervorzuzaubern und die ungeahnten Möglichkeiten seines Instruments zu demonstrieren, das er ohnehin nie so perfekt beherrschte wie beispielsweise Eric Clapton oder Jimi Hendrix, um zwei Gitarristen zu nennen, die damals schon, 1969, für ihre Soli berühmt waren. Diese streben auf einen irren Höhepunkt zu, den jener nicht einmal ächzend erreichen würde. Neil Youngs Gitarrenspiel bewegt sich eher auf einem Hochplateau. Anstatt die Gipfel zu stürmen, geht es in die Fläche; anstatt eine Skulptur zu modellieren, malt es ein Fresko aus einer einzigen Farbe. Dadurch wird es unkonkret und verliert an Plastizität, doch eignet es sich gerade in seiner Abstraktheit und Monotonie eher als Spiegel für die Empfindungen und Assoziationen, die der Hörer an die Musik heranträgt. Es ist immer nur ein Gefühl, eine einzelne Regung, der Neil Young, auf dem Fuß gefolgt von Crazy Horse, nachspürt, jeweils eine einzige musikalische und emotionale Saite, die sie anschlagen. Ihre Kunst besteht aus der gedankenlosen Konzentration auf ein Motiv. Mit Rockmusik im herkömmlichen Sinne haben ihre ausgedehnten Improvisationen wenig gemein, eher schon mit Jazz oder – wenigstens von der Anlage her – mit der Musik der persischen Mystiker. Ähnlich wie in dieser ist es die minimal abgewandelte Wiederholung des Immergleichen, welche die Musiker und ihre Hörer in eine andere Sphäre trägt. »Ich spiele nie schnell«, hat Neil Young das selbst am besten beschrieben. »Der Baßlauf besteht aus nur vier Noten und geht dann weiter runter. Billy spielt ab und zu ein paar Noten extra, und der Schlagzeugrhythmus ist durchgehend derselbe. Es ist wie eine Trance, in die wir geraten. Manchmal klingt es, als spielten wir schnell, aber das tun wir nicht. Alles beginnt einfach im Kreis herumzuschwimmen und emporzusteigen, und das geht über den Punkt hinaus, an dem man schnell oder langsam oder sonstwie spielt – zu unserem Glück, denn wir können nicht schnell spielen.«

Niemand, schon gar nicht Neil Young selbst, dürfte je behauptet haben, sein Gitarrenspiel sei im technischen Sinne gut. Die rechte Hand ist geschickt, aber seine linke Hand bewegt sich aufgrund einer Behinderung nur langsam. Er beherrscht keine Tonleitern und sucht, wie er selbst sagt, »eine Menge Noten, von denen ich weiß, daß es sie nicht gibt«. Und es ist nur eine Band, Crazy Horse, die genau jene Noten kennt, die es nicht gibt. Deshalb muß er die drei Musiker jeder anderen, besseren Band vorziehen. Nur mit ihnen verbinden sich alle Finger zu einer Hand, alle Ohren zu einem Gehör. Nur mit ihnen kann er sich befreit von Rücksichtnahmen und Absprachen an den Brunnen hocken und hineinlauschen. »Man kann es ein Solo nennen«, wird er irgendwo zitiert, »aber es ist die ganze Band, die spielt. Billy Talbot ist ein gediegener Bassist, der nur zwei oder drei Töne spielt. Die Leute versuchen immer noch rauszukriegen, ob er nur zwei oder drei Töne *kann* oder ob diese drei die einzigen sind, die er spielen will. Aber wenn er einen Ton anschlägt, spricht der für sich selbst. Es ist ein Riesen-Wahnsinns-Ton. Sogar die leisen sind wuchtig. Frank verwendet die dicksten Saiten, die ich je bei einem

Gitarristen gesehen habe. Frank ist vermutlich ein noch ungehobelterer Musiker als ich, weil seine Leadgitarre nicht so entwickelt ist wie meine. Aber seine Saiten sind *sooo* dick! Er schlägt einen Ton an, und es ist ein wuchtiger Ton. Ohne die wuchtige Begleitung von Crazy Horse klinge ich nur normal. Aber sie sorgen für die Wucht, und so kann ich mich treiben lassen und *riesig* klingen. Das Wuchtige sind sie.«

Mit *Everybody Knows This Is Nowhere* war die Wucht zum ersten Mal auf Platte gebannt. Seitdem haben sich Neil Young und Crazy Horse immer tiefer in die Improvisationen ziehen lassen, bedingungsloser der Stimmung des Stückes sich hingegeben, insbesondere bei ihren Konzerten. Noch viel geduldiger haben sie in den Brunnen gelauscht. Ich besitze das Bootleg eines Konzerts von 1970, eine CD von erbärmlicher Qualität, in der die Abmischung völlig durcheinandergeraten ist, es wie in einem Zugabteil rauscht, die Gitarren wie Triangeln klingen und zwischendurch ganze Sekunden fehlen. Selbst das Geschmacksempfinden gutwilliger Laien strapazieren diese Einspielungen von *Down By The River* und *Cowgirl In The Sand,* auf denen die Musiker ihre Fehlgriffe auch noch vernehmbar kommentieren, über das Erträgliche hinaus, für Hartgesottene hingegen sind sie grandios. Beide dauern doppelt so lang wie in der ohnehin schon extensiven Studioaufnahme, so daß ein Stück wie *Down By The River,* dessen komponierter Teil kaum mehr als drei Minuten füllt, sich auf zwanzig

Minuten ausdehnt. Es ist ein wilder, ekstatischer Krach auf der Grundlage derselben monotonen Handgriffe und so, als würden sie sich hier endlich nicht nur trauen, loszulassen, sondern auch nicht mehr zum Ufer blicken. In der Studioaufnahme aber ist die Befreiung von den Strukturen, die ein komponiertes Stück vorgibt, noch frisch. Das Rohe, Tastende und spürbar Neue speziell dieser Aufnahme, die ganze zwei Wochen nach der Gründung von Crazy Horse entstand, macht bis heute Spaß. Neil Young scheint das ähnlich zu sehen. Obwohl er *Down By The River* seither auf unzähligen Konzerten gespielt hat – ich selbst durfte vor einigen Jahren eine phantastische Interpretation erleben –, hat er es in der elektrischen Fassung auf keinem seiner Live-Alben nochmals herausgebracht (nur auf einem frühen Live-Album seiner anderen Band, Crosby, Stills, Nash & Young, blitzt es in einer akustischen Fassung kurz auf). Etwas ist an der allerersten Einspielung, das nie wieder erreicht wurde und auch nicht wieder erreicht werden konnte: Richtig gute Musiker sollten Neil Young und Crazy Horse nie werden – aber 1969 waren sie noch richtig schlecht. Ihre musikalischen Möglichkeiten waren so begrenzt, ihr Wille, einen Ausdruck für ihr Gefühl zu finden, gleichzeitig so groß, daß die Musik ständig gegen Wände zu rennen schien und dabei förmlich explodierte, jedoch nicht wie bei Jimi Hendrix mit einem Riesengewitter, sondern wie im Labor, wie in einem Brennglas, still, konzentriert und unspektakulär, so daß es die Unachtsamen und die Nachbarn, die Neil Young nur aus dem Treppenhaus kennen, gar nicht bemerken. Wenn er mit Crazy Horse spielt, klingt das oft nach Garage, da wird nicht viel geprobt, sondern einfach losgelegt und meist die erste Aufnahme fürs Album ausgewählt. »Wir wußten, wir sind alles andere als brillant«, gab Neil Young einmal zu. »Wir wußten, keiner von uns konnte wirklich spielen. Jedesmal bekamen wir es in der ersten Aufnahme hin, und es war niemals richtig – aber wir wußten, daß es uns niemals besser gelänge. Wir machen andauernd Fehler, aber was passiert, ist, wir kommen so in die Musik hinein, daß es großartig klingt.« 1990 sagte er das, anläßlich der Veröffentlichung von *Ragged Glory*.

Octavio Paz erzählt von einem Bettler in Tibet, der an die Stadtmauer geht und etwas murmelt, und dann offenbart sich ihm wunderbarerweise die Göttin der Liebe. Die Priester und Mönche wollen das nicht glauben, bis sie feststellen, daß tatsächlich jeden Sonntag nach der Litanei des Bettlers die Göttin der Liebe herabkommt, ein paar Worte sagt und wieder verschwindet. Der Hof erfährt von diesem Bettler und lädt ihn ein, damit er vor dem Kaiser die Litanei aufsage. Der Bettler kommt, doch stellen die Mönche fest, daß er die Litanei völlig verkehrt vorträgt. Die Mönche, die das Original dieser Litanei kennen, korrigieren den Bettler. Am nächsten Sonntag versucht der Bettler die richtige Fassung zu murmeln, und seitdem hat sich die Göttin der Liebe nie mehr offenbart.

Neil Young hat ein herausragendes Sensorium für den Wert des Provisorischen, des Ungeschliffenen, und sagte selbst einmal, ihm schwebe etwas Analoges zum *cinéma vérité* vor, etwas wie ein *audio vérité;* allein die musikalische Atmosphäre, die er später mit Bedacht herzustellen hatte, ist 1969 einfach gegeben. Darin liegt das Besondere dieser Einspielung von *Down By The River.* Es ist tatsächlich noch eine Garagenband, die sich ein paar Tage vorher gegründet hat und staunend lernt, was man alles mit zwei Gitarren, Baß und Schlagzeug anstellen kann, wenn niemand da ist, der einen stört. Seinem Biographen und Vater hat er berichtet, wie seine musikalische Laufbahn begann: »Es gab da einen Jungen in meiner Klasse, der hatte eine elektrische Gitarre. Es gab einen anderen Jungen, der hatte keine Gitarre, wollte aber eine haben. Der erste hatte eine gute Gitarre und außerdem einen Verstärker. Also besorgte ich mir einfach eine Gitarre und steckte sie in seinen Verstärker. Dann beschaffte sich ein anderer Freund von mir, Ken Koblun, eine Gitarre, einen Baß. Und wir fingen an zu spielen, weißt du ... wir haben einfach angefangen.« Gut acht Jahre später entstanden *Down By The River* und *Cowgirl In The Sand.*

Wenn ich ehrlich bin, halte ich *Cowgirl In The Sand* insgeheim sogar für stimmiger als das Zwillingsstück, es ist dichter, weil das Spiel der einzelnen Instrumente konsequenter ineinandergreift und die Hochspannung in jeder Sekunde aufrechterhalten bleibt. Man erkennt das noch deutlicher auf dem Bootleg, das ich besitze: die Gitarren von *Cowgirl In The Sand* weichen nicht aus der Mitte. Dennoch stand mir *Down By The River*, das Ausufernde, immer eine Winzigkeit näher. Es hat diesen lässigen Beat und, na ja, die Melodie, der Text, der Refrain, die ich eben noch als Beiwerk abgetan habe, sind natürlich doch phänomenal. Wie genau die Komposition ins Herz trifft, wie verzweifelt, genau und grausam die beiden Strophen sind, bezeugt der erwähnte Bootleg, auf dem Neil Young *Down By The River* auch solo auf der akustischen Gitarre vorträgt – der Titel hält dem problemlos stand, ja man vergißt beinah, daß es eine elektrische Fassung je gegeben hat.

Be on my side, I'll be on your side
There is no reason for you to hide
It's so hard for me staying here all alone
When you could be taking me for a ride
(Chorus:)
She can drag me over the rainbow
Send me away
Down by the river
I shot my baby
Down by the river
Dead

Vielleicht kennt jemand die Situation, wenn alles über einem zusammenstürzt und man sich an eine beliebige, nicht einmal hübsche oder anziehende Angebetete klammert, die aber nichts von einem wissen will und nur lacht, vielleicht kann jemand sich vorstellen, welche abwegigen, selbstverliebten Phantasien man entwickelt und daß man sich einbildet, alles würde gut und es sei auch für die Angebetete das beste, wenn man nur gemeinsam flieht, diese Ausweglosigkeit, in die man sich manchmal manövriert, und die Scham, die man darüber vor sich selbst empfindet, vor niemand anderem, weil niemand und nicht einmal die Angebetete, die es wissen könnte, aber sich überhaupt nicht interessiert, weil niemand das Ausmaß des Versagens erahnt, niemand das Miese und Kleingeistige im einzelnen kennt, das man selbst an sich wahrnehmen würde, wenn man nur den Mut hätte, aber eben dieser Mut wäre es, der allein einen vor dem Trugschluß bewahrte, daß es die Angebetete sei, die sich dem Glück fahrlässig versperrt, das darin liege, gemeinsam alles hinter sich zu lassen und ein neues Leben zu beginnen, das es in Wahrheit gar nicht gibt oder nur für andere geben kann, für die Angebetete zum Beispiel, die einen aussperrt, um ihre Liebe einem anderen, einem Falschen zu schenken. Das ist Verzweiflung, aber eine kleine, schäbige, kalte Verzweiflung, die manche dazu treiben mag, ihre Aggression nach außen zu kehren und unten am Fluß ihre Angebetete zu erschießen.

Vor allem die zweite der beiden Strophen hat für mich immer die Bewegung des Fliehens orchestriert, die durch mein Leben ging, bevor meine Tochter sich in den Weg stellte.

You'll take my hand, I'll take your hand
Together we may get away
This much madness is too much sorrow
It's impossible to make it today
(Chorus)

Die erträumte Flucht, von der *Down By The River* handelt und die es musikalisch darstellt, ist nicht jene sentimentale, wie ich sie an *Out On The Weekend* gemocht habe, sie ist kein temporäres Ausreißen aus einem langweiligen, bei Tageslicht betrachtet jedoch erträglichen Alltag. Dieser Beat ist entschlossen und kühl. Die Tristesse, die hier geflohen werden will, sie ist so umfassend, daß der Antrieb sich darauf reduziert, es anderswo jedenfalls nicht schlechter finden zu können. Gegen Ende der ersten Improvisation, wenn die beiden Gitarren, die zuvor einsam ihre Runden gedreht haben, unverhofft zueinanderfinden, gibt es eine Stelle, die das bezeichnet. Ein paar Sekunden spielen die beiden Gitarren dieselben Akkorde. Dann, als schämten sie sich des Gleichklangs – wie ein Ehepaar, das ständig nur streitet, peinlich berührt ist, wenn es merkt, daß es sich ein paar Worte oder einen Blick lang nahegekommen war –, dann halten sie zu einem Schweigen inne, dessen Beredsamkeit dadurch verstärkt wird, daß der Baß und das Schlagzeug weiterspielen, als sei nichts geschehen, eine Klangfolge im Hintergrund, die uns erst auffällt, nachdem alle anderen Geräusche oder das Gespräch mit einemmal verstummt sind. Was noch lebte, stirbt hier. Die

Rhythmusgitarre nimmt ihren alten Trott wieder auf, worauf die Leadgitarre sich beeilt, ebenfalls ein paar belanglose Noten hervorzukramen, bis das Signal in Form des ersten Gitarrenriffs beide erlöst und die zweite Strophe sich anschließt, die mit dem Vorschlag zur Flucht beginnt und im Refrain mit dem Mord aufhört – wenn je eine Sekunde Musik mich tötete, es wäre wohl das »Dead« am Ende des Refrains, das Neil Young in höchster Stimmlage als das leise Aufheulen eines Getroffenen singt, obwohl das Ich des Textes doch selbst geschossen hat. Nein, ich muß genauer sein: Es ist nicht der Todesruf selbst, der mich trifft; in dem Augenblick, da er erschallt, endet der Refrain und setzt der alte Beat ungerührt ein, der Autobahnbeat. Das ist es. Der Sänger hängt seiner Tat oder seinem Wort noch ein paar Sekunden jammernd nach, indem er für sich »Shot to death« wiederholt, aber er und wir sind längst schon wieder unterwegs. Daß unser Bewußtsein niemals von einem Gegenstand ausgefüllt ist und wir schon in der ersten Trauer, der innigsten Verliebtheit parallel die Werbung auf einem Bus, die Wachsflecken auf einem Tisch registrieren, daß die Zeit nicht aussetzt und wir lieben oder morden oder was auch immer tun können, ohne den Lauf der Dinge anzuhalten, daß wir abends einen Toten beweinen und am nächsten oder spätestens übernächsten Morgen dennoch aufstehen, frühstücken, scheißen, die Schlagzeile der Zeitung lesen, den Anrufbeantworter abhören, daß die ärgsten Kümmernisse oder Gewissensbisse nicht arg genug sind, uns dauerhaft zu tangieren, und selbst das Schlimmste, nämlich den Menschen zu töten, den wir lieben, uns nicht davon abhält, weiterzuleben, dem Tod näherzurükken, daß selbst des anderen Tod uns also nicht von der eigenen Vergänglichkeit erlöst, das erzählt der Moment, in dem Neil Young »Dead« ruft und der alte Beat einsetzt, gleichgültig. Ein schauerlich schöner Moment: Der Gedanke, dieses Buch zu schreiben, entstand exakt hier. Vor vielen Jahren stieß ich auf eine Handschrift, in der von Mystikern die Rede sein sollte, die den Koran gehört haben und darüber gestorben sind. *Das Buch der vom Koran Getöteten* hieß sie. Noch bevor ich die Handschrift studierte, faszinierte mich ihr Titel. Ich hatte das Gefühl, genau zu wissen, was gemeint war. Zu der Zeit hörte ich oft *Down By The River*, und das zog mir jedesmal das Herz zusammen, bis ich für eine Zehntelsekunde meinte, ersticken zu müssen. Als ich auf das *Buch der vom Koran Getöteten* aufmerksam wurde, erschien es mir daher keineswegs kurios oder unglaubwürdig, daß Menschen durch einen Gesang getötet worden sein sollten. Was in dem Manuskript behandelt war, das mußte, so stellte ich es mir vor, die Zuspitzung oder das Extrem eben jener Erfahrung sein, die mir Neil Young bereitete. Mittlerweile habe ich das *Buch der vom Koran Getöteten* gelesen, darüber ein eigenes Buch geschrieben und herausgefunden, daß meine Annahme stimmte und sich auf eine ästhetische

Grunderfahrung bezieht, die Menschen seit jeher versucht haben zu rationalisieren. Es hat also lange gedauert und mich den Umweg über die islamische Mystik, Baudelaire, Rudolf Otto und Adorno gekostet, bis ich endlich den Versuch unternommen habe, die Gleichzeitigkeit von Lust und Schrecken, in der sich beides aufhebt, dort zu beschreiben, wo sie mir selbst zum ersten Mal ins Bewußtsein gerückt ist, bis ich also *Das Buch der von Neil Young Getöteten* entdeckte; nicht wenige seiner Protagonisten hat es unten am Fluß erwischt. Jetzt sehe ich mein Trachten des vergangenen Lebensdrittels, der Jahre des Studiums von Büchern und Empfindungen, die Beschäftigung mit dem Koran, der Poesie, dem Essen, der Liebe und vor allem dem Sex, jetzt sehe ich, daß es sich auf nichts anderes richtete, als die Sekunde zu fassen, gleich nachdem Neil Young »Dead« gejault hat. Wem das übertrieben vorkommt, der kann das Stück nicht aufmerksam gehört haben oder hat von Sex keine Ahnung.

Meine Tochter wird es bestimmt nicht übertrieben finden. Manche Kinder beherrschen einen Gesichtsausdruck, mit dem sie demonstrieren, für wie kindisch sie die Erwachsenen halten. Ich nehme an, daß sie mich später des öfteren so anschauen wird, wenn sie mich dabei erwischt, wie ich mindestens siebzehn verschiedene CDs von Neil Young im Urlaubskoffer verstecke. Ihre Beziehung zu ihm wird kaum jemals wieder so innig sein wie in ihrem ersten Lebensjahr;

dessen bin ich mir schon deswegen sicher, weil alle Erfahrung und ebenso mein Gefühl mich lehren, daß Frauen für Neil Young im höchsten Fall Sympathie, niemals Leidenschaft entwickeln. Sie haben einzelne Lieder und Platten, allen voran *Harvest*, vielleicht gern, finden aber weder ein Verhältnis zu Neil Youngs Rock 'n' Roll noch zu den ausschweifenden Gitarrenimprovisationen oder gar den atonalen Experimenten. Wer mich des Machismo bezichtigt, liegt grundsätzlich nicht falsch, möge aber, um mir im Einzelfall Gerechtigkeit widerfahren zu lassen, ein Konzert von Neil Young besuchen. Jungen jeglichen Alters wird er oder sie dort finden, fast immer allein, manchmal zu zweit. Frauen, sofern vorhanden, sind dort immer nur Freundinnen. Wenngleich ich mir sicher bin, daß es existiert, bin ich noch nicht in der Lage, das Charakteristikum zu definieren, das allen Fans von Neil Young gemein ist. Ich denke an die paar Brüder, auf die ich im Laufe der Zeit gestoßen bin und an die ich mich ohne Ausnahme präzise erinnere; ich lasse die Gestalten Revue passieren, die mir aus den Konzerten im Gedächtnis geblieben sind: Ich ahne, es ist eine spezifische Art des Individualismus, eines Bewußtseins der eigenen Einsamkeit, die uns kennzeichnet, kann es aber nicht genauer fassen. Irgendwie sind wir, soweit ich mit uns Bekanntschaft geschlossen habe, alle reichlich verschroben und halten uns von der Mitte fern, ohne deswegen im Alltag sonderlich aufzufallen. Unsere Leben verlaufen einigermaßen geregelt, wir haben studiert, viele von uns haben eine Familie gegründet. Über die Jüngeren unter uns kann ich wenig sagen, weil ich sie nur auf den Konzerten sehe, dem Augenschein nach sind sie vom gleichen Schlag. Weiße Mittelstandskinder; als Durchschnittsneurotiker würde ich uns nicht bezeichnen, dafür haben alle, die ich kenne, zu viele, zu skurrile Marotten, eher schon als Neurotiker des Durchschnitts. Kommunikation ist nicht eben unsere Stärke, das ist mir aufgefallen, und auch, daß äußerlich keiner unter uns mit der aktuellen Mode geht, allenfalls mit der vorvorletzten. Verwirrung stellte sich nur ein, als vor ein paar Jahren Koteletten in Mode kamen, die die meisten von uns seit jeher getragen haben, wenn auch nicht jeder so großflächig, wie Neil Young selbst sie uns zum Vorbild gibt – mit einemmal hatten wir etwas, was im Trend lag. Selbst meine Schwägerin (jene, die mich auf ein Selbstfindungsseminar schicken will und meine Koteletten immer gräßlich, da betont männlich fand) wies kürzlich meinen Bruder an (jenen, der mich als völlig verbohrt abgeschrieben hat, weil ich mich der Selbstfindung entziehe), sich Kotelettenansätze stehen zu lassen. Manche meiner Freunde haben mich gefragt, weshalb ich, der ich im Beruf oder bei öffentlichen Anlässen doch recht gepflegt gekleidet bin, privat am liebsten zu weite offene Hemden über ausgewaschenen T-Shirts anziehe, die ebenfalls über die Hose ragen. An dieser Stelle möchte ich ihnen antworten, indem ich auf die Kleidung verweise, die Neil Young bevorzugt trägt. *Oh, Lonesome Me* heißt ein frühes Lied, über das im *Complete Guide to the Music of Neil Young* steht, »es offenbart die ersten Anzeichen seiner künstlerischen Perversion«. Der Titel faßt unsere Selbstwahrnehmung treffend zusammen. Auf Bildern mit seinen Gruppen Buffalo Springfield oder Crosby, Stills, Nash & Young sieht man Neil Young durchweg am Rande stehen. Auf meinen Klassenbildern ist das genauso, und ebenso bei der Aufstellung der Fußballmannschaft für ein Photo oder der obligatorischen Begrüßung vor jedem Spiel. Ich gehörte dazu, nahm aber immer den Platz ein, der den schnellsten Abgang versprach. Daß Neil Young einmal von seiner Plattenfirma wegen »vorsätzlicher Unkommerzialität« verklagt worden ist, gehört zum fundierenden Mythos unserer Heilsgeschichte, Humor ist uns, wenn er mit dem Titel *Prisoners Of Rock 'n' Roll* nicht sich selbst beweihräuchert, sondern schlicht auf den Vertrag mit Geffen anspielt, das Urbild der Freundschaft sind uns seine Auftritte mit Crazy Horse, und Geselligkeit ist, wo wir einsam den *Barstool Blues* fühlen, in Kneipen, die *Durst* heißen und weder Wein noch warme Getränke im Angebot haben, aber dafür einen Fernseher für Fußball. »That's why we don't wanna be good«, entgegnen wir der Welt, die uns dennoch vereinnahmt, die unsere Musik zu laut, unsere Koteletten zu lang und unsere Hemden zu rustikal findet, die überhaupt meint, Hemden gehörten in die Hose gesteckt. Wenn gar nichts mehr hilft, grölen wir wenigstens noch, »Im still livin' the dream we had«. Einst sagten wir: *I Am A Child*, aber *Time Fades Away.* Vom *Sugar Mountain* verscheucht, stilisieren wir uns als *Loner* oder besser noch *Drifter*, der nacheinander mit *Tired Eyes, Cryin' Eyes* und *Cocaine Eyes* in die Welt blickt, in der wir mit unserem *Broken Arrow* in Wahrheit *Burned* und *Helpless* sind, den *Bad News Beat* im Kopf und den *Depression Blues* im Blut. Wir hängen den *Days That Used To Be* nach, suchen vergeblich den *Peace Of Mind*, träumen mit *Love To Burn* von der *Razor Love* mit dem *Cowgirl In The Sand* oder wenigstens einem *Cinnamon Girl*, dem wir erst *Mellow My Mind* und dann *Ride My Llama* ins Ohr flüstern wollen (oder umgekehrt), hoffend insgeheim auf das eine: *Don't Be Denied. I Believe In You*, beginnen wir das reale Liebesleben, müssen aber bald schon *I've Been Waiting For You* mahnen. Die Fortsetzung kennt jeder: *I Can't Believe Your Lyin'* schimpfen wir, bevor wir *Pardon My Heart* jammern, anschließend *Don't Take Your Love Away From Me* flehen und mit *Tell Me Why* auf den Lippen aus der nicht einmal großen Liebe mit einem *Stupid Girl* fliegen, um als *Married Man* zu enden – *Fuckin' Up.* Unser Leben, ein *Borrowed Tune* im *Mystery Train*, wir selbst höchstens ein *Campaigner*, der *Too Lonely* bleibt, sich wie ein *Wrecking Ball* und *Piece Of Crap* fühlt und weiß, daß ihm das *Losin' End* beschieden ist, hier auf der *Violent Side*, wo *Everybody Knows This Is Nowhere.* Am liebsten würden wir *Cry, Cry, Cry*, doch weil wir Aufwand wie Aufsehen scheuen, sagen wir uns, *Don't Let It Bring You Down*, und schleppen uns, *Running Dry*, durchs Leben, immer *Expecting To Fly*, bis auch der *Last Dance* zu Ende ist und wir den *Last Trip To Tulsa* antreten, wo wir in die *Sleeps With Angels* gleiten. Wenn wir dann den *Long Walk Home* gegangen sind, wird das *Weight Of The World* und somit aller *Pressure* von uns fallen, und wir werden behaupten können: *I'm The Ocean.*

Meine Tochter wird, wenn nicht weitere Wunder geschehen, nie zu ihrer frühen Leidenschaft für Neil Young zurückkehren, aber ich hoffe darauf, daß sie die meine nicht minder freundlich als die Frauen belächeln wird, die mich eine Wegstrecke begleitet haben (anders ist es mit mir auch nicht auszuhalten, vor allem nicht im Auto). Keine von ihnen habe ich zu Neil Young bekehrt, aber sie alle denken noch immer an mich, sooft sie ihn hören. Das haben sie mir gesagt. Und falls er es ist, der sie an mich erinnert, dann beurteilen sie mich und die Zeit mit mir etwas milder als in anderen Situationen. Das habe ich im Gefühl. Wenn ich selbst dagegen meine ehemaligen Freundinnen an mich erinnere, indem ich sie auf der Straße treffe oder, wie ich es früher zu meiner eigenen Beschämung getan habe, anrufe, um sie auf einen Kaffee einzuladen, wenn sie mir also nicht über die Bande meiner Lieblingsmusik, sondern persönlich begegnen – milde gestimmt wirken sie dann nicht eben, bestenfalls desinteressiert, um vom schlimmsten Fall nicht zu reden.

Es ist verhext: Bis auf eine halbe Ausnahme will keine der Frauen, die sich je meine Liebe gefallen ließen, auch nur das geringste von mir wissen, seit der eine den anderen verließ. Bei mir verhält es sich genau umgekehrt. Selbst das Mädchen, dem ich im Alter von elf Jahren meinen ersten Kuß gegeben habe und deren Reize mir kurz darauf schon unauffindbar waren, selbst die wenigen Frauen, die von mir vor die Tür gesetzt wurden, sind noch immer oder längst wieder in meinem Herzen. Ein wenig ähnelt das der Geschichte mit dem Autoverkäufer, die ich vor einigen Seiten erzählt habe. Daß ich mit einem Menschen etwas Intimes teile und wir uns an einer noch so unscheinbaren, noch so kleinen Stelle berührt haben, das genügt, um mich ein Leben lang zu ihm hingezogen zu fühlen, zugehörig. Bei meinen früheren Freundinnen ist das in dem Sinne wörtlich zu nehmen, als die körperliche Berührung allein schon ausreichte für die Verbundenheit, die ich ihnen gegenüber jetzt noch empfinde. So weit gilt der Satz, daß die Stelle, die anzueignen mich verändert hat, durchaus unscheinbar und klein sein konnte, ein paar Haare, die sich auf den Po verirrt hatten, eine Falte seitlich über den Bauch, die verriet, daß sie mich am September ihrer Schönheit teilhaben ließ, oder die Zehen von nie gesehener Anmut, die ich zwischen meinen Lippen barg. Von der Frau, die ich am schmerzhaftesten geliebt habe, bevor meine Frau sich bei mir einrichtete, ist der Ausdruck geblieben, zu dem sich ihr Gesicht formte, wenn die Lust am höchsten war: Sie verwandelte sich in ein kleines, erschrockenes Mädchen. Daß sie es mir offenbarte, daß ich die Offenbarung wahrnahm, daß sie meine Wahrnehmung spürte, ohne sich ihr zu entziehen, daß ich ihre Entscheidung dankbar empfand, daß sie die Dankbarkeit als Fürsorge, Achtsamkeit, Liebe auslegte, die ihr Vertrauen rechtfertigten, daß sich all dies gleichzeitig ereignete und wir, ohne darüber nachzudenken oder es uns nur bewußt zu machen, eine Gegenwart teilten – das ist doch wertvoll. Entweder sind ihr so viel mehr Schätze zugefallen als mir, daß sie die Nähe, die mich für immer von ihr infiziert hat, vergessen kann, oder sie und alle anderen sind blind für das wenige, das uns von der Welt außerhalb der unseren zuteil wird. Im *Barstool Blues* heißt es:

If I could hold on to just one thought
For long enough to know
Why my mind is moving so fast
And the conversation is slow
Burn off all the fog
And let the sun through to the snow
Let me see your face again
Before I have to go.

Kürzlich traf ich sie in einer Kneipe wieder, neun, zehn Jahre danach. Ich habe es längst schon aufgegeben, das Gefühl, das ich immer für sie hegen werde, durch Gesten anzudeuten, sie wischt das ohnehin von der Theke und tritt auch noch darauf, will davon nichts wissen, also blieb ich ungerührt auf meinem *Barstool* sitzen, lächelte müde, antwortete auf ihre Frage, was sich seit dem letzten Mal in meinem Leben getan habe, daß ich inzwischen eine Tochter habe, was sie bereits von unserem gemeinsamen Bekannten gehört hatte, und dann ließ sie sich auch schon von ihrem Begleiter davonzerren, einem unangenehmen Typen, so einem schmierigen Kerl in immerwährender Brunft, der noch kleiner war als ich und nervös wie der Geldwechsler von Venedig, weil er die Chance witterte, eine so wundervolle Frau abzuschleppen (vielleicht bilde ich es mir nur ein, will ich es mir einbilden). Als ich später vor meinem Fahrrad stand, fiel mir ein, was einmal für mich Utopia gewesen war: Ich war mit der Frau unterwegs gewesen, nachts oder schon am frühen Morgen, und wir kamen aus einem Club raus oder waren gar nicht erst reingegangen, weil uns die Schlange zu lang oder die Musik zu schlecht schien, wir hatten irgendwelche Leute, denen wir Zweiundzwanzigjährige alt und gesetzt vorkamen, gefragt, wo noch was los sei, oder wahrscheinlich war es so, daß sie die Frau gefragt hatten, denn sie war diejenige, die so etwas wußte, ich selbst hatte mich bestimmt herausgehalten, weil ich mich aus so etwas immer heraushielt und es mir auch gleichgültig war, solange ich mit ihr war, jedenfalls fand ich mich kurz darauf auf der Rückbank eines VW-Golfs wieder, es waren junge, reiche, freundliche Leute, ich war schon ziemlich zu und hatte keine Ahnung, wohin wir fuhren, ich sah aus dem Fenster und hörte irgendeine Musik, ich glaube, es waren die Rainbirds, diesen einen großen Hit der Rainbirds, der damals überall lief, und ich hörte die anderen etwas reden, ohne es zu verstehen, und ich sah aus dem fahrenden Auto und sah die Lichter und andere Leute und Autos an Ampeln, und war es nicht auch so, daß der Videoclip der Rainbirds eben aus einem fahrenden Auto gedreht worden war, von der Rückbank eines fahrenden Autos?, ich weiß es nicht mehr, ich weiß nur, daß ich mir wie in einem Film vorkam, daß ich genau dies dachte, einem Videoclip, der schöner als mein Leben war, und ich sah aus dem fahrenden Auto und dachte, der Golf bräuchte nie mehr anzuhalten, er sollte einfach fahren, wie der Käfer früher in der Werbung, wir waren gut aufgehoben bei diesen jungen, reichen, freundlichen Leuten, mit denen meine Liebste sich wahrscheinlich verstand, sie sollten einfach fahren, egal wohin, und mich von der Rückbank aus dem Fenster schauen lassen, das wär's gewesen. Und das Größte kommt noch: Ohne daß ich es je angesprochen hätte, sagte meine Liebste, als wir schon viele Kämpfe gefochten, aber uns für einen Tag wieder einmal in die Arme genommen hatten, da sagte sie, daß jene Fahrt im Golf, auf der wir gar kein Wort miteinander geredet hatten, für sie der schönste Augenblick gewesen sei, daß sie da gedacht habe, wie schön es gewesen wäre, wenn wir einfach nie mehr ausgestiegen oder für immer weggefahren wären mit diesen Leuten, die nett waren und jung, nur ein bißchen zu reich. Sie hatte in derselben Sekunde das gleiche gefühlt wie ich, das war's gewesen. Und nun stand ich vor meinem Fahrrad und dachte an die paar Minuten unserer Begegnung, die so schlimm waren wie alle unsere Begegnungen seit elf, zwölf Jahren, und ich dachte, wenn ein Außenstehender uns gesehen hätte, er hätte nichts gesehen, denn da war auch nichts, es war ein Nichts, dabei hatten wir einmal alles gehabt, als sich unsere Empfindungen in einem Golf trafen. Aber immerhin, der Freund, der auf dem Barstool neben mir gesessen hatte, sagte, bevor ich ihm etwas verraten hatte, daß die Spannung zwischen ihr und mir ihn beinah vom Hocker gehauen hätte, das sei wie eine Erscheinung gewesen, diese Szene zwischen uns, obwohl doch überhaupt nichts war, ein paar Floskeln, ein müdes Lächeln, ein schmieriger Kerl, der wahrscheinlich auch auf eine Litfaßsäule eifersüchtig gewesen wäre. Es ist nicht, daß ich noch immer in jene Frau verliebt wäre, das ist es wirklich nicht. Mir ist vollständig bewußt, daß uns wenig verbindet und wir uns bald schon gegenseitig gelangweilt hätten, wenn unsere Beziehung erfolgreicher verlaufen wäre. Wenn man mir sagte: da steht der Golf, setz dich auf die Rückbank, du darfst während der Fahrt aus dem Fenster schauen, die jungen Leute fahren dich und die Frau ist auch da – keine Sekunde würde ich mit dem Gedanken spielen, einzusteigen. Das ist es nicht, ich habe meine Frau gefunden, und außerdem würde ich niemals mit einem Golf auf Reisen gehen, mit einem Mirafiori vielleicht, einem alten Alfa oder einem großen Peugeot, wie ich ihn jetzt fahre, das hätte mich vielleicht ins Schwanken gebracht, vorausgesetzt, die Anlage wäre passabel gewesen, aber ein Golf, nein, gewiß nicht, da könnte mich ja mein Freund Robbi drin sehen. Es ist nichts mehr. Es ist nur, daß da mal alles war, das ist es, und daß es verpufft ist wie ein Furz, daß selbst das Größte sich als Furz herausstellt und wir uns in einer Kneipe wiedertreffen und ich mich nicht einmal vom Barstool erhebe.

Während ich das schreibe, schwingen in meinem Kopf die Lieder Neil Youngs, die ich mit dieser oder jener Nuance meiner Liebeskümmernis verbinde. Es sind die Melodien, der Klang der Instrumente, die Stimme, aber nur einzelne Zeilen oder Strophen, obwohl die Wehklage über zerbrochene oder zerbrechende Beziehungen zu den Hauptmotiven Neil Youngs gehört. In den bleibenden Stücken ist es ein Danach der Liebe, das er besingt, nicht ein Jetzt.

It's a sad communication
With little reason to believe
When one isn't giving
And one pretends to receive.

Pardon my heart
If I showed that I cared
But I love you more than moments
We have or have not shared.

Freilich hat mich speziell seine Liebeslyrik nie im Detail beschäftigt. Schon weil im Booklet der alten Platten die Texte selten abgedruckt waren, verstand ich sie dem Wortsinn nach nicht vollständig, und merkwürdigerweise oft gerade die Texte derjenigen Stücke, die mir besonders nahegehen. *Round & Round* zum Beispiel habe ich bis heute nicht entschlüsselt: Ich kann noch nicht einmal mit Bestimmtheit sagen, ob es sich wirklich um ein Liebeslied handelt. Vom Refrain verstehe ich nur Fetzen.

Round and round and round we spin
To weave a wa ... (wall?, war?) to ... a sin (?).
It won't belong, it won't belong.
How slow and slow and slow it goes
To mend (?) the ta ...(?) that always shows.
It won't belong, it won't belong.

Was mich anrührt, ist weniger die Bedeutung des Textes als vielmehr die kreisende oder wiegende Bewegung, die er im Einklang mit der Musik erzeugt, das »Round and round and round we spin«, das in der nächsten Zeile melodisch genauso gespiegelt wird wie kurz darauf das »how slow and slow and slow«. Mir kam es immer vor, als beschwörte hier jemand eine Abwesende, nicht fortzugehen; er ist allein, er spricht sich selbst die Worte zu, die er der anderen zu sagen hat, und wiegt den Kopf ungläubig, weil er das längst Geschehene nicht wahrhaben will. Natürlich war ich selbst der Monologisierende und die Gemeinte dieses oder jenes längst entschwundene Mädchen. Das Beschwörende entsteht eben durch das Wiegen, das durch den Text und die hypnotisierend einfältige Melodie geht, die Neil Young zusammen mit Danny Whitten und seiner damaligen Freundin Robin Lane wie ein Hundechor zu einer Bettlergitarre jault. Ich verstehe nicht das geringste von Musik und habe den Musikunterricht in der Schule ausgesessen, ohne eine einzige Note gelernt zu haben, aber daß dieser Refrain das denkbare Minimum an kompositorischer Vielfalt noch unterbietet, das höre ich durchaus. Zudem schicken die beiden akustischen Gitarren, die jeweils auf einen der beiden Lautsprecher gemischt sind, ihr Echo ein ums andere Mal hin und her. Wer genau darauf achtet, dem wird auffallen, daß im Verlaufe des Stücks außerdem die Stimmen laut und leise werden, wie wenn auch sie sich im Kreis bewegten, mal näher am Mikrophon, mal ferner wären. Der Eindruck täuscht keineswegs. Er, Danny Whitten und Robin Lane schwenkten ihre Köpfe während der Aufnahme, ohne es abgesprochen zu haben, tatsächlich nach einer Weile vor und zurück. Im Hin und Her und Her und Hin der Musik und des Lebens vergeht jeder Sinn, und einzig die Erkenntnis erneuert sich immerfort, »It won't belong«. Wer an dieser Stelle einwirft, daß der Satz »It won't belong« im Englischen gar nicht existiert, hat im Gegensatz zu mir in der Schule aufgepaßt. Vorhin, da ich vergeblich den Text im Booklet der CD *Everybody Knows This Is Nowhere* suchte, ist mir zufällig aufgefallen, daß der Titel *Round & Round (It Won't Be Long)* heißt, nicht *It Won't Belong*. Stutzig geworden, habe ich nachgedacht, im Wörterbuch nachgeschaut und bestätigt gefunden, daß *It won't belong* überhaupt keinen Sinn ergibt. Für mich selbst jedoch hatte es Sinn. Aus einem Grund, den ich im nachhinein nicht nachzuvollziehen vermag, habe ich in dem Satz mein halbes Leben lang gehört: »Es wird nicht zählen, es ist alles vergeblich, es wird nicht von Belang sein.« Ja, das war es wahrscheinlich: Ich habe einfach *belong*, ohne mir darüber Gedanken zu machen, mit »Belang« übersetzt. Der Ausruf der Vergeblichkeit paßte so gut zum Refrain, der das Rennen im Kreis zum Gegenstand hat und diese Kreisbewegung in der Melodie und den Wortwiederholungen nachzeichnet. »It won't be long« paßt nicht minder, vermute ich, ohne es genau beurteilen zu können, da ich nicht lang genug darüber spekuliert habe. Aber eben so, wie ich *Round & Round* gehört und verstanden habe, mitsamt des falsch verstandenen »be long«, ist mir das Lied zur Chiffre für jenen Zustand geworden, in dem wir, die wir von den mordenden Cowboys als Babys schreiend liegengelassen worden sind, uns einfach nur an den Bruder, die Schwester klammern wollen, anstatt weiterzudenken, zu streiten oder sich einzureden, daß es Cowboys nur im Western gibt, hat sich der Refrain als Jingle jener Situationen etabliert, da wir zum Beispiel hilflos stammelnd der längst fortgegangenen Geliebten einreden wollen, daß wir am

Ende doch beide ziemlich verlorene Seelen sind; selbst wenn es nicht viel war, was uns verband, so hätte es doch als Ausrede genügt, um sich noch eine Weile im Arm zu halten.

Und das Schlimme ist: Man ist immer selber schuld. Man hat mit traumhafter Sicherheit immer das Falsche getan. Und das Gemeine ist: Das Leben richtet es genau so ein, daß wir immer etwas tun, was sich im nachhinein als falsch herausstellt, damit wir zu allem Überfluß auch noch damit gestraft sind, uns selbst die Schuld zuzusprechen. Es lockt uns, indem es zunächst mit uns ein paar Verhaltensweisen, Ideale und Neurosen einübt und uns dann, wenn es ernst wird, beispielsweise im Angesichte einer schönen Frau oder während des Genusses einer seltenen Ruhe, vorgaukelt, dieses oder jenes zu tun sei konsequent, sei wahrhaftig und kompromißlos, nur um uns am Ende jammern zu hören: O wären wir doch weniger konsequent, wahrhaftig und kompromißlos gewesen, ein klein bißchen weniger, nur einmal hätten wir fünfe gerade sein lassen und über unsere Prinzipien, denen wir ohnehin nur mühselig ein bißchen Stetigkeit verschafft haben, hinwegsehen müssen, es hätte schon gereicht, wir hätten unser Glück gemacht, die Erde wäre ein besserer Ort, unser Leben friedvoll und die schöne Frau für immer an unserer Seite. Es hätte hätte hätte, aber niemals ist es. Hätten wir wenigstens das Hätte nicht gekostet, dann stieße uns das Gewordene nicht so bitter auf. Wie wir es auch anpacken, wir greifen knapp daneben. Alles Lieben ist wie die Liebe von Swann:

Now that you made yourself love me
Do you think I can change it in a day?
How can I place you above me?
Am I lying to you when I say
That I believe in you.

Unsere Leben ähneln, im besten und schlimmsten Falle, der Geschichte Satans, wie sie in der islamischen Mystik ausgelegt wird. Satan ist jener Engel, der sich weigerte, Gott zu gehorchen, als dieser den Engeln befahl, vor dem neuerschaffenen Menschen niederzufallen. Weil er mehr als alle anderen Engel Gott liebte, konnte er vor niemand anderem als Ihm niederfallen. Aus Gehorsam gegen Ihn mußte er den Gehorsam verweigern, wurde er verflucht und aus dem himmlischen Reich verstoßen; seither fühlt sich Satan, so heißt es, wie einer, der gefesselt ins Meer geworfen und vom Ufer aus noch verspottet wird, er solle achtgeben, daß ihn das Wasser nicht befeuchte.

O please help me, o please help me, I'm livin' by myself
I need someone to comfort me, I need someone to tell
I'm sorry for the things I've done, I've shamed myself with lies
But soon these things are overcome and can't be recognized

singt Neil Young in *Running Dry*, vielmehr er spricht es wie der Pfarrer auf der Beerdigung, und eine Geige, die noch höher quiekt als seine Hilfe-ich-ertrinke-Stimme, trottet der Stimme im selben Tempo hinterher, zwei Wüstengänger kurz vorm Ertrinken. »My cruelty has punctured me and now I'm running dry«, zieht der Text ein Fazit, das am Ende der Tage jenes der Menschheit sein könnte.

Natürlich sind wir längst nicht immer konsequent, wahrhaftig und kompromißlos. Wir bleiben in einer Beziehung, obwohl sie längst verdorrt ist, wir ertragen aus tausend vernünftigen Gründen die unerträglichen Situationen, wir kündigen nicht die phantastische Stellung, die als einzigen Nachteil einen Dienstherrn hat, der unser Gefühl für Anstand und Höflichkeit beleidigt. Und was ist das Ergebnis? Wir kommen uns klein und mittelmäßig vor, wir sind unglücklich, wir bereuen, das Falsche getan zu haben. Das Richtige tun wir aber frühestens, wenn es zu spät ist, um von uns noch für richtig gehalten zu werden. Daß wir zweifeln, ist unser ganzes Malheur. Mit Gott ist es dasselbe. Wären wir selig vor Glaubensgewißheit oder glaubten nicht an ihn, uns wäre wärmer ums Herz. Aber wir paar arme Tröpfe, denen man den Platz zwischen den Stühlen zugewiesen hat, nein, die sich nicht für einen Stuhl entscheiden können und sich ihre mißliche Lage also obendrein noch selbst zuzuschreiben haben, wir Morgenlandfahrer dritter Klasse glauben an Gott und daran, daß er fern ist. Er ist da, aber er ist fern. Er tröstet nicht und richtet nur. Gott minus Barmherzigkeit, Lieben ohne Erlösung, Verstehen ohne zu leben, und mittendrin wir:

There is a town in north Ontario
With dream comfort memory despair
And in my mind I still need a place to go
All my changes were there

Blue, blue windows behind the stars
Yellow moon on the rise
Big birds flyin' across the sky
Throwin' shadows on our eyes
Leave us

Helpless, helpless, helpless
Well, babe, can you hear me now?
The chains are locked and tied across my doors
Baby, baby, sing with me somehow

Daß er sich so restlos auch und besonders den Stimmungen hingibt, die von der Erhabenheit am entferntesten sind, der Schwäche, dem Neid, den Schuldkomplexen, daß Neil Young sich mit der Melancholie nicht aufhält und sich gleich in die pure Verzweiflung und den quälenden Katzenjammer stürzt, das kenne ich in vergleichbarer Radikalität nur aus der frühislamischen Askese, mag es auch vermessen sein, die Wehwehchen unserer wohlanständigen Gemütlichkeit mit dem Hiobsleid der Großen in einem Atemzug zu nennen (es ist nicht vermessen, weil wir die Gnade, die uns zuteil geworden ist, nur als weitere Ungerechtigkeit gegenüber den Opfern sehen können, nur als den Gipfel des Weltzynismus, der ihrem Unglück auch noch unser Glück vor die Nase stellt, das wegen ihres Unglücks aber nicht Glück zu nennen ist): »Was meinst du denn von Leuten, die mit einem Schiff ausgefahren sind, die aber, nachdem sie mitten auf dem Meer waren, Schiffbruch erlitten haben, so daß sich jeder von ihnen an einer Planke festhält: In welchem Zustand befinden sie sich?« fragte Hassan al-Basri. »In einem schlimmen Zustand«, antwortete der, der ihn nach seinem Befinden gefragt hatte. »Mein Zustand ist schlimmer als ihrer.« Man kann es auch anders sagen. Das Booklet gibt die fünf letzten Zeilen des eben zitierten Liedes, die durch ihre ingeniöse Expressivität und sprachschöpferische Raffinesse hervorstechen, wie folgt wieder (insbesondere der Strophenbau verdient Beachtung):

Helpless, helpless, helpless
Helpless, helpless, helpless
Helpless, helpless, helpless
Helpless, helpless, helpless

Helpless, helpless, helpless

Hassan al-Basri ist unter den frühen der wichtigste Mystiker des Islams, der *godfather* des Sufismus, wie es im Popjargon hieße. Offenbar muß man wie er die Welt in ihrer ganzen Boshaftigkeit empfinden, um sie zur Glückseligkeit transzendieren zu können, so wie erst das rückhaltlose Empfinden der göttlichen Ferne die momentane Vereinigung mit Ihm zu erlauben scheint. »Das Leiden ist Er selbst«, sagte al-Halladsch. Der *Barstool Blues* dauert in der Studioaufnahme auf *Zuma* drei Minuten, ein hübsches, etwas bequemes Liedchen, dessen Stimmung der Titel schon ankündigt. In der Livefassung von *Year Of The Horse* gehen die Dinge drei Minuten lang ihren erwartet unangestrengten Gang. Dann, die letzten Worte sind eben gesungen, die Gitarren vermeintlich in die letzte Kurve eingebogen, ereignet sich etwas Merkwürdiges: Mitten im schon auslaufenden Schritt, als hätte die Platte einen Sprung, bleiben Neil Young und Crazy Horse bei einem nicht einmal besonders ausdrucksstarken oder einfallsreichen Akkord stehen und wiederholen ihn wieder und wieder, zwölf Mal, um genau zu sein. Eine gute halbe Minute dauert der Einbruch der Minimalistik in einen bis dahin konventionellen Rocksong. Danach ist alles anders. Als erstes verabschiedet sich die Leadgitarre Neil Youngs aus dem Akkord. Sie zieht ihre eigenen Kreise, sie tanzt, sie schwebt. Anfangs zögerlich, dann immer selbstbewußter tritt auch die Rhythmusgitarre Frank Sampedros aus der Bahn und folgt ihren Instinkten, derweil Schlagzeug und Baß mit schier übermenschlicher Wucht die immer gleiche Notenfolge schlagen, bewußt danebenhauen, zurückkehren, variieren, zurückkehren, immer mächtiger einheizen und so die

Kraft erzeugen, durch die alle gemeinsam durch die Konzerthalle, mein Arbeitszimmer oder mein Auto fliegen. Schließlich haben sie jene Höhe erreicht, von der aus die Erde so schemenhaft wie auf einer Landkarte aussieht, und so wenig von dort oben noch ein Flughafen zu erkennen ist, so schwer wird es im Laufe der Improvisation zu sagen, welches Stück man eigentlich spielt, daß es sich überhaupt einmal um ein Stück gehandelt hat. Es gibt diese Stelle im *Barstool Blues,* an der die anfängliche Konfiguration nicht mehr nur verwischt oder aufgebrochen ist, sondern sich in Luft auflöst. Etwa nach sechs Minuten geschieht das, und es ist nur zu natürlich, daß die Musik von da an nicht mehr, wie es in Improvisationen häufig geschieht, zum Ausgang zurückkehren, sondern einfach nur aufhören kann, auf offener Strecke, da das musikalische Thema, das am Anfang stand, der *Barstool Blues,* schlicht entfallen oder jedenfalls irrelevant geworden ist. Hätte man die ersten drei Minuten verpaßt, man käme nicht mehr darauf, welchen Titel man hört; griffe man zum Booklet, erführe man es ebensowenig, da es die auf der CD enthaltenen Titel zwar aufführt, aber die Reihenfolge nicht verrät. Es ist auch egal, es ist ohnehin alles eins: »They all sound the same«, ruft eine Stimme aus dem Off zu Beginn von *Year Of The Horse.* Es muß Neil Young sein, der ein paar Meter vom Mikrophon entfernt steht, es könnte aber auch ein Zuschauer sein, der auf die Bühne gesprungen ist, um sich über die Monotonie zu beschweren. Wie ein vielfach verstärktes Echo, eine Antwort, eine Erklärung, äußert jemand direkt ins Mikrophon: »It's all one song.« Ein paar abenteuerlustige Hiebe in die Saiten, und die Gitarren legen los.

Für viele Maler, Musiker oder Dichter ließe sich sagen, daß ihr gesamtes Schaffen Teil eines einzigen großen Werkes sei. In diesem Sinne wären auch Neil Youngs Platten mitsamt den Exkursen in die Countrymusic, den Computersound, den Blues oder den Rockabilly Motive eines einzigen Bildes, seine so verschiedenen Bands wie Buffalo Springfield, Crazy Horse, Crosby, Stills, Nash & Young, Pearl Jam, Booker T. and the MGs, die Stray Gators, International Harvesters, Santa Monica Flyers, Ducks, Shocking Pinks oder die Blue Notes, sie wären Mitglieder desselben Orchesters. Aber so allgemein meine ich es nicht. Ich meine speziell die Schluchten, in die er sich mit Crazy Horse stürzt, die ausladenden Improvisationen, die von *Down By The River* und *Cowgirl In The Sand* ihren Ausgang nahmen und mehr noch als die gemeinsamen Alben ihre Konzerte ausmachen. Der Anlauf ist mal länger, mal kürzer, mal kreisförmig, mal geradlinig, aber am Ende laufen alle Improvisationen auf das gleiche hinaus, sie wollen abheben, und wenn es soweit ist, dann werden sich die einzelnen Stücke immer ähnlicher, wie überhaupt die einzelnen Kunstwerke der Großen sich oft ähneln und mit zunehmender Reife immer ähnlicher werden, weil sie aus der Vielheit der Klänge, Worte, Farben zu ihrer Wahrheit vordringen, oder wie man es nennen möchte. Diese aber ist, obwohl immer anders, zugleich eins, so wie Gott immer anders und zugleich eines ist, und ebenso die Leere.

Daß die einzelnen Stücke nur Anlässe sind, Sprungbretter, daß das Komponierte, Gedachte, Entworfene eine notwendige, jedoch zu überwindende Wirklichkeit darstellt, kommt nirgends klarer zum Vorschein als in der Livefassung des *Barstool Blues,* und zwar nicht zuletzt, weil Text und Melodie weitaus dezenter daherkommen als in Großangriffen wie *Down By The River, Tonight's The Night* oder *Cortez The Killer.* Diese Kompositionen sind viel zu eindringlich, als daß sie ihre eigene Vanitas frühzeitig zu erkennen gäben. Doch spätestens in guten Konzerten offenbart sich, daß selbst sie, selbst die überwältigenden und unvergeßlichen Werke dafür da sind, hinter sich gelassen zu werden, um der Farbe des Wassers auf die Spur zu kommen. Der Sufismus markiert diesen Übergang von der Mannigfaltigkeit in die Einheit, indem Subjektivität durch ihre Negierung hindurch gewonnen wird, als *fanâ,* »Entwerdung«. *Wadschd,* »Finden«, wird der Zustand der Ekstase im sufischen Vokabular genannt, aber der *Wâdschid,* der »Findende«, ist in Wahrheit ein *Fâqid,* ein »sich Verlierender«, wie ein mystischer Lehrmeister sagt. Der Musiker, der, in gewissem Sinn, das Bewußtsein über sein Spiel verliert, ist gleichzeitig vollkommen gegenwärtig; sein Bewußtsein ist ungetrübt, nur richtet es sich nicht mehr auf die eigenen Impulse, die eigenen Hände, sondern auf die Formgesetze und minimalen Regungen seines Instrumentes, auf die Notwendigkeit, die sich aus einem Laut für den darauffolgenden ergibt; mitsamt allem Begehren und Lenken löst er sich in der eigenen Musik auf wie der Maler im chinesischen Märchen, der im selbstgemalten Bilde verschwindet. Dem Hörer, Leser oder Betrachter kann es ähnlich gehen, ich weiß es auch vom ersten Mal, da ich meiner Tochter den *Last Trip To Tulsa* auflegte. Neil Young, der von ästhetischen Theorien im höchsten Falle wissen dürfte, daß es sie gibt, und sich bei mehreren Gelegenheiten als religionswissenschaftlich völlig ungebildet gezeigt hat, er selbst vermag erstaunlich genau zu erklären, was in ihm geschieht, wenn es geschieht: »Wenn ich spiele oder improvisiere, fängt es in meinem Kopf an, meine Nase beginnt den Luftstrom zu spüren, und ich merke, daß ich anfange zu hyperventilieren, und du kommst weiter und weiter rein – die Endorphine in deinem Körper sprechen darauf an. Es funktioniert nicht immer – manchmal klingt es nur, als spielte man lange Zeit dasselbe und nichts passiert. Ein andermal ist es wie ein euphorischer, kosmischer Orgasmus. Wenn ich gut gespielt habe, bin ich verflucht durcheinander. Ich muß mich wirklich geographisch orientieren. Ich versuche, nicht gegen irgendwelche Wände zu laufen. Meistens hyperventiliere ich. Wahrscheinlich habe ich auch noch ein bißchen Nachhall im Kopf.« Wer einmal an einem mystischen Ritual teilgenommen hat oder Mystiker gebeten hat, zu beschreiben, wie sie die Ekstase erlebt, körperlich gespürt haben, wird auf verblüffend ähnliche Antworten gestoßen sein. Solcherart Erleben der Beseelten, mag es bis zur Auflösung und Umkehr vorgedrungen sein oder in der äußeren Aufregung verharren, wurde seit jeher in die Nähe des Pathologischen gerückt, als Symptom des Wahnsinns und im besonderen der Epilepsie gedeutet. Was immer da an Verkennung und bewußter Herabsetzung hineingespielt oder die Assoziation beherrscht hat, so wurde die Ambivalenz der Ekstase auch von jenen zugegeben, die sie priesen und anstrebten. Manche haben gar wie Platon und später vor allem Dostojewskij den Verdacht des Pathologischen ins Positive gewendet und die Krankheit als göttliche Auszeichnung empfunden, die zu erleben erlaubt, wovon die anderen, die Gesunden ausgeschlossen sind. Nur wer außer sich gerate, dringe in sich vor. Neil Young hat seine Epilepsie immer zu beherrschen versucht; zwar hat er die Medikamente schon früh abgesetzt, doch nur, weil er deren Nebenwirkungen nicht aushielt und meinte, die Zustände, sosehr er sie fürchtete, als »Teil meines Kopfes, ein Teil dessen, was sich da drinnen abspielt«, akzeptieren zu müssen. Dennoch umschreibt auch er den epileptischen Anfall in Worten und Bildern, die aus den Zeugnissen der mystischen sowie – nicht selten und nicht nur in früheren Jahrhunderten – der ästhetischen Erfahrung vertraut wirken. »Du tauchst in eine andere Welt«, sagte er in einem Interview. »Dein Körper flattert herum, du beißt dir auf die Zunge und haust dir den Kopf auf den Boden, aber dein Geist ist irgendwo ganz anders. Das einzige, was einem dabei angst macht, ist nicht, wie man dahingekommen ist oder ob man dort bleiben wird, sondern die Erkenntnis, daß man sich vollkommen wohl fühlt ... in dieser Leere. Und dieser Schock bringt einen in die Realität zurück.«

Der Augenblick, in dem sich das alltägliche Bewußtsein in der Musik auflöst, den ich am Beispiel von *Down By The River* und *Cortez The Killer* anzudeuten versucht habe, der Moment des Verschwindens im eigenen Bild wird in Mystik und Ästhetik als höchster beschworen. Und doch ist er nicht die letzte Wegmarke. Es gibt ein »Bleiben in der Entwerdung«, *baqâ fî l-fanâ,* und je länger Neil Young und Crazy Horse zusammen auftreten, desto näher kommen sie diesem Zustand, desto öfter und länger verleihen sie dem Moment Dauer. Als Bleibendes ist er nicht mehr derselbe, weil die in der Entwerdung verlorengegangene Subjektivität verändert, bereichert zurückkehrt, die Hitze verfliegt, ohne daß es einem kühler wird. Auf *Year Of The Horse* ist das gut eingefangen, im *Barstool Blues* natürlich und die gesamte zweite CD hindurch, bis in *Prisoners Of Rock 'n' Roll* der wilde, glückselige Spaß am Getöse mit ihnen durchgeht und sie im *Sedan Delivery* grell verglühen; auf weiten Strecken also gelingt es Neil Young und Crazy Horse, jene Entspanntheit zu bewahren, die nur durch einen Akt der Befreiung zu erklären und am besten als eine seltene Verbindung von Intensität und Leichtigkeit zu charakterisieren ist. Und doch gibt die CD nur ein Echo dessen wieder, was in den besten Konzerten jener sechsundneunziger Tournee tatsächlich passiert ist. Ich selbst habe den Auftritt an einem See in der Nähe von Köln erlebt und gesehen, wie sich Neil Young, Billy Talbot und Frank Sampedro vor das Schlagzeug Ralph Molinas scharten, wie sie gleich Druiden die Köpfe zusammensteckten und sich der inneren Dynamik unendlich wirkender Improvisationen überließen, Neil Young in seiner weiten, knielangen Jeans, mit der er seinen jungen Anhängern aus der amerikanischen Grunge- und Independentszene die Reverenz erweist, vier ältere Herren, die für ein paar Stunden die Vergänglichkeit überlistet und damit die ewige Jugend, nein, die Alterslosigkeit erreicht haben. Betrachte ich die Auswahl der Mitschnitte, die auf dem Live-Album vereinigt sind, muß ich den Schluß ziehen, daß Neil Young entweder selbst nicht in vollem Umfange erfaßt hat, welche Gnade ihm und den drei anderen da auf den Bühnen widerfuhr, oder daß er davor zurückgeschreckt ist, den Zustand in seiner Ganzheit auf CD zu bannen, mag er ihm zu wertvoll oder als einem Wohnzimmerpublikum unzumutbar vorgekommen sein. Jim Jarmusch dagegen hat den zeitlosen Moment sowohl erfaßt als auch vollständig zu bannen versucht. Daß sein Film über die *Year Of*

The Horse-Tournee sensationell ist, spürte ich bereits, als mir eine italienische Bekannte berichtete, bei der Präsentation in Venedig sei das Kino nach zwanzig Minuten fast leergefegt gewesen. Ich kann nicht genau sagen, warum, aber als sie mir das erzählte – und sie sagte es im Tonfall dessen, der einen Freund schonend vom Erstrundenaus seines Fußballvereins oder der vernichtenden Reaktion auf seinen neunten unveröffentlichten Roman unterrichtet –, als sie mir schilderte, wie das Biennale-Publikum, das von Jim Jarmusch einen ordentlichen Kunstfilm mit Anspruch, Tiefgang und allem Pipapo erwartet hatte, zunächst erstaunt, dann verständnislos reagierte und sich bald schon ächzend abwendete, wußte ich, daß es ein guter, ein echter Film über Neil Young war. Und die Bestätigung fand ich, als ich endlich das Video ergatterte (den Film ins Kino zu bringen hatte kein Verleih auf sich genommen), die Kassette ins Gerät schob und gleich mit den ersten Bildern den Hinweis fand: »Made loud to be played loud – Crank it up!« Dieser Film, der wie fast alle Coverphotos von Neil Young unscharf und oft verwackelt ist, dessen Konzertsequenzen eher unauffällige, wenig bekannte Stücke dokumentieren und so langatmig, so phantastisch sind wie die Aufnahmen der Autobahnen, die Jim Jarmusch mit der Handkamera (»Proudly filmed in Super 8«, heißt es im Vorspann) vom fahrenden Bus aus gedreht hat, dieser Film ist, gerade indem er unfertig und stellenweise amateurhaft anmutet, punktgenau.

An einer Stelle liest Jim Jarmusch Neil Young etwas vor, während Billy Talbot in der letzten Reihe zu schlafen versucht. Das war die Bibel, klärt Jim Jarmusch anschließend auf, das Alte Testament. Auf Neil Youngs fragenden Blick fügt er hinzu: »The Old Testament is where God is always pissed.« Neil Young denkt nach. »The Bible is quite a book, isn't it? I've never read it this way« (als ob er die Bibel je gelesen hätte). Er denkt weiter nach, dann kommt ihm eine Erkenntnis und eine Frage: »The Old Testament is related to the New Testament. What is the difference between the Old Testament and the New Testament?« Jim Jarmusch erklärt es ihm, worauf Neil Young nach erneutem Nachdenken sicherheitshalber wiederholt, daß das Alte Testament in der Zeit vor Jesu Geburt, das Neue Testament hingegen in der Zeit nach Jesu Geburt spiele, und zu grübeln fortfährt. »Is God pissed, because he created man and man didn't turn out the way he wanted him to be?« fragt er dann, indes Billy Talbot sich in der letzten Sitzreihe aufrichtet, über die Rücklehne des Vordersitzes beugt, einen vernichtenden Blick auf die beiden Schwätzer wirft und sich wieder zurücklehnt. So könne man es interpretieren, antwortet Jim Jarmusch. Wieder denkt Neil Young nach. Er habe mal auf seiner Farm eine Reihe Bäume gepflanzt, die nicht so gerade gewachsen seien, wie er sich das vorgestellt hatte. Da habe er sie alle gefällt. »Er quält sie mit der Vernichtung, nachdem Er sie zuvor errichtet hat«, sagt ein Mystiker des elften Jahrhunderts, und ein anderer sekundiert, nichts sei für die Geschöpfe verderblicher als der Schöpfer.

So lässig wie diese Szene ist der ganze Film. Neil Youngs Lieder sind so düster und besonders seine Stücke mit Crazy Horse solche Brecher, daß man ihn für einen dauerdepressiven Weltankläger halten könnte, doch beruhte der Schluß auf einem Mißverständnis. Wer düster denkt, muß nicht düster sein, im Gegenteil. Ich selbst bin von der Negativität des Großen und Ganzen völlig überzeugt, aber deswegen blase ich nicht täglich Trübsal. Die quälende Anstrengung, sich dem Unheil möglichst nicht zu verschließen, verwässert oder sublimiert sich nach einer Weile zu einer entspannten Schwermut, so ab dem 29. Lebensjahr, habe ich festgestellt, und erst recht, wenn man Vater wird. Andere haben das vor mir bemerkt.

Gustosamente ociosa la fe, paso bordeando mi vivir.
Paso con lentitud, como quien viene de tan lejos que no espera llegar. *

Gewiß ist meine Stimmung oft anthrazit und meine Weltsicht von nackter Verzweiflung durchdrungen, aber im Alltag gelingt es meistens, sich im Leben so

* Gemächlich auch im Glauben, schlendere ich am Rande meines Lebens. / Ich schreite langsam nur, wie einer, der von so weit her kommt, daß er nicht hofft, ans Ziel zu gelangen. (Borges, Übersetzung von Otto Wolf)

einzurichten, daß es fast behaglich anmutet – und zwar eben, weil man es als Provisorium betrachtet, an das allzu hohe Ansprüche wie Gerechtigkeit, Versöhnung oder Freiheit zu stellen sich von vornherein verbietet. Wenn man es als Menschenschicksal begreift, aus der Bahn geworfen zu sein, läßt man sich nicht mehr von jedem Stolperstein aus der Ruhe bringen; wenn man es aufgegeben hat, seinen Frieden mit der Welt zu machen, fällt einem der innere Frieden leichter. Indem man zu den Waffen der Selbstironie und des Trotzes greift, versucht man das beste auf der Planke zu machen, die uns noch ein paar Jahre vorm Ertrinken rettet. Man übt sich in Demut und konzentriert sich darauf, hier und da aus der Zeit zu treten und so dem Tod doch noch ein Schnippchen zu schlagen. Nur als Fatalist gelingt es mir, weil ich mich meinem Schicksal anvertraue, es selbst in die Hand zu nehmen. Nur als Pessimist lasse ich mich durch die obligatorische Enttäuschung nicht davon abhalten, weiterhin nach Gerechtigkeit, Versöhnung oder Freiheit zu streben, habe ich doch die Vergeblichkeit von Anfang an einkalkuliert. Nur als Unkenrufer bin ich an guten Tagen wahrhaft fröhlich: Ich freue mich, falls es nicht so schlimm wie befürchtet gekommen ist und wenn schon nicht die Welt, dann aber wenigstens doch mein eigenes Leben im Rückblick hier und da einen für unmöglich gehaltenen Sinn ergibt. An den anderen Tagen glaube ich eben dem Mystiker, der auf die Frage, wann der Mensch die Heiterkeit des Herzens erlange, erwiderte: »Dann, wenn er kein Herz mehr hat.« Von solchen metaphysischen Einsichten abgesehen, habe ich beim Betrachten des Jarmusch-Films herausgefunden, daß Neil Youngs Tanzbewegungen ganz ähnlich den meinen sind, der ich mit meiner neugeborenen, von Blähungen geplagten Tochter das Arbeitszimmer durchmaß: Auch sein Oberkörper schwappt gleich dem Bug eines Ozeandampfers bei Windstärke zwölf nach vorne und wieder zurück, während die Füße in schweren Ausfallschritten die Bühne durchmessen und die Hände die Gitarre, wie ich seinerzeit meine Tochter, wiegen, als ruhe sie im Auge eines verlangsamten Hurrikans. Anscheinend löst das intensive Lauschen auf das Gitarrengewitter Neil Youngs spezifische, vielleicht sogar rituell zu nennende Bewegungen aus, die in ihrer Filigranität gewissen Einschränkungen unterworfen sind (»schwankend stolzieren wie ein betrunkenes Kamel«), aber in ihrer reduktiven Unmittelbarkeit dem aufgeschlossenen Balletttheater aufrührende Impulse geben könnten. Wenn schon nicht als Lebenskünstler, so haben wir womöglich als Tänzer eine Zukunft oder wenigstens als Gegenstände der Ethnologie, um nicht zu sagen der Zoologie (Gattung »Verrückte Pferde«).

Jim Jarmuschs Year Of The Horse hat nicht nur, was von einem Film über Neil Young erhofft werden durfte: albernen, selbstkarikierenden Witz, sondern strahlt aus, was von ihm, von Neil Young, am wenigsten zu erwarten war: Glück. Es vermittelt sich in der

Musik selbst, in den verzückten Gesichtern der Musiker, aber ebenso in den Interviews, den Aufnahmen in der Garderobe, im Hotelzimmer oder im Supermarkt. Es vermittelt sich selbst in dem brutal zelebrierten *Tonight's The Night,* der Trauerhymne auf Bruce Berry und Danny Whitten, jene Bandmitglieder, die aus dem Drogenrausch nicht erwacht sind. Das Glück, das in diesem Mitschnitt, dieser »killer version«, als die es auf dem Videocover zu Recht angekündigt wird, und in einem Buch der von Neil Young Getöteten nicht unerwähnt bleiben darf, das Glück, das hier durchscheint, ist ein kathartisches; es nimmt alles Gelebte in sich auf und hält dem Unglück stand – »all my changes were there«. Im Film taucht Paul McCartney kurz auf, wie er backstage Blumensträuße verteilt, und man muß nur sein Gesicht neben dem von Billy Talbot sehen, um zu verstehen, was Rock 'n' Roll ist, die beiden zusammen, das ist, als hätte der Superintendent des Kirchenbezirks Westfalen-Lippe Johannes den Täufer in seiner Wüstenhütte aufgesucht, um ihm das lila Band für besondere Verdienste zu überreichen. Da ist auch »Poncho« Sampedro, der als Berufsbezeichnung Komiker angibt und nur deshalb dem Herointod entkommen ist, weil Danny Whitten zuerst an der Nadel starb und er ihn ersetzen durfte, da ist der demütig gewordene Drummer Ralph Molina, der Seher unter den vieren, der die Toten aufzählt und über David Briggs spricht, ihren ewigen Producer, der kurz zuvor auf dem Sterbebett das »Jahr des

Pferdes« ausgerufen hat, und Ralph Molina spricht über den Tod und daß die Freunde wie Fliegen sterben und er sich nichts wünscht, als in der verbliebenen Zeit noch möglichst viel »this Crazy Horse thing« zu machen, bevor sie selbst an der Reihe sind, und da ist Neil Young, »Neil Percival Young, guitar player in the band Crazy Horse«, als der er sich vorstellt. Die vier haben sichtlich wie hörbar gemeinsam einen Kreis durchschritten, Neil Young hat mit allen musikalischen Genres experimentiert, seine Kämpfe und Eitelkeiten ausgefochten, die »record company clowns« von Geffen besiegt, sein künstlerisches und persönliches Elend immer wieder neu durchlitten, seine Zelte jedes Mal abgebrochen, als es gemütlich zu werden drohte, die Epilepsie und das schwere Rückenleiden erduldet, zwei behinderte Kinder gezeugt, umsorgt und großgezogen, und er hat den zugedröhnten Danny Whitten aus der Probe geschmissen, den Gründer von Crazy Horse, mit ein paar Dollars fürs Essen, und der hat sich am nächsten Tag den Schuß gesetzt, und Kurt Cobains Abschiedsbrief bestand aus zwei Zeilen von *Rust Never Sleeps,* und im Konzert wiederholt er minutenlang den Halbsatz »When I picked up the phone«, ohne es bis zur Fortsetzung »and heard that he died, out on the mainline« zu schaffen, denn er ist niemand, der über die Toten hinwegkommt, die Getöteten, er ist sein Leben lang vorangeschritten, indem er von den Verlusten sang, beinah nie von den Hoffnungen, er ist der rückwärtsgewandteste Voranschreiter der Rockmusik, Verlustrechnungen aufstellend rennt er voran, um am Ende dort angekommen zu sein, wo er angefangen hat, sie stecken den Stöpsel ein und legen einfach los, blind, gedankenlos, auf sich und den anderen hörend, nur daß sie inzwischen, allem Kokettieren zum Trotz, atemberaubend gut zu spielen gelernt haben: *Und wir fingen an zu spielen, weißt du … wir haben einfach angefangen.* Im Vergleich zu den anderen großen Gitarristen ist das Spektrum dessen, was Neil Young mit dem Instrument anstellen kann, zwar immer noch schmal, aber das Besondere, das ihm die Saiten gewähren, hat er im Laufe der zwanzig, dreißig Jahre seit *Everybody Knows This Is Nowhere* zu solcher Vervollkommnung gebracht, daß auch Berufenere als ich es nicht genug lobpreisen können. So viel Gefühl preßt niemand aus einem einzelnen Ton heraus. Über ein Stück von Harvest hatte er gesagt, daß es eigentlich von seinem Glück erzähle, aber traurig klinge. Hier, in der »Nacht der Nächte«, da singt er mit schmerzverzerrtem Gesicht vom Tod, aber es klingt nicht traurig; so, wie er es singt, klingt es glücklich. Das meine ich, wenn ich sage, der Film strahle Glück aus. Es ist ein Glück, das keinen Schmerz betäubt, dem Leben nichts vergibt und keinen Verlust übersieht, ein Glück, das die Verzweiflung zum Zwilling hat.

Im Jahr des Pferdes haben Neil Young und Crazy Horse uns eine neue, eine andere Spielart des Ekstatischen beschert als die, die ein paar Jahre zuvor auf dem Kriegsalbum *Weld* aufgeblitzt war: sie ist nicht weniger laut, aber weniger spektakulär, nicht langsamer, aber losgelöst; sie ist nüchterner, fließender, in ihren Strukturen noch offener, durchaus auch eintöniger und für den Unempfänglichen empörend langweilig. Um noch einmal den Refrain seines populärsten Stückes aufzugreifen: Neil Young und Crazy Horse sind auf dieser Tournee ins Auge des Hurrikans vorgedrungen. »Der Rausch ist der Spielplatz der Kinder, aber Nüchternheit ist das Todesfeld der Männer«, lehren die Meister unter den Sufis, und von den Propheten ist überliefert, daß der Akt der Offenbarung sie mit der Zeit äußerlich immer weniger erschüttert hat. Für den Mystiker Dschunaid ist die »zweite Nüchternheit«, in welcher der Mensch seiner selbst gewahr wird als jemand, der in Gott ist, der vornehmste Zustand. Auf die Frage, weshalb er beim Hören von Poesie oder Musik anders als früher keine Regungen mehr zeige, rezitierte er den Koranvers: »Und du siehst die Berge, die du für unbeweglich hältst, wie Wolken davongehen: Werkstellung Gottes, der gefügt hat jedes Ding, und Er ist kundig eures Tuns.« Der Zustand der größtmöglichen Erregung schlägt in vollkommene Ruhe um, aber diese Ruhe ist erfüllt, die Erregung nicht verflogen, vielmehr in ihre Mitte zusammengezogen, als seien die tausend Pinselstriche eines Gemäldes auf einen einzigen Punkt konzentriert oder die Flutlichter aller Fußballstadien auf einen Quadratmillimeter Rasen.

Ein musikalischer Ausdruck für die Ruhe wäre die Stille oder ist *Arc*. Man kann sagen, daß *Arc* ausschließlich aus Lärm besteht, man kann es aber auch für das leiseste Album halten, das Neil Young oder überhaupt ein Rockmusiker je produziert hat: Es bringt die Leere zum Klingen. Gleichzeitig mit *Weld* erschienen, ist das Album eine ausgefeilte Collage aus den minutenlangen Rückkopplungen, schrammenden Glissandi und verzerrten Anfangs- und Schlußakkorden derselben Tournee. Fünfunddreißig Minuten lang hört man nichts anderes als kreischende, aufheulende Gitarren, wilde Schläge auf den Baß und das Trommelfeuer des Schlagzeugs, kein Rhythmus, keine Melodie, kein Thema, keine Stimmung, nur harten, metallenen Krach. Neil Young hat *Arc* immer als Summe seines Schaffens betrachtet, und tatsächlich scheint das Album alle seine je produzierten Töne zu vereinen, sie wie in einer Implosion in einem einzigen Ton zu sammeln. Anfangs will man noch assoziieren, man stellt sich einen Krieg oder die Apokalypse vor, denkt an ein startendes Überschallflugzeug, das nicht abzuheben vermag, oder meint, einem »Autounfall in Zeitlupe« beizuwohnen, wie ein Kritiker schrieb. Aber die Bilder stellen sich rasch als beliebig heraus und verziehen sich nach und nach, da die Töne von solcher Allgemeinheit sind, daß sie alles bedeuten und damit nichts. Übrig bleibt der reine, bloße Klang. Das Bilderverbot, musikalisch gedeutet, ist *Arc*. Einige tonale Andeutungen trifft man wohl, einzelne

Stücke sind zu erkennen, hier und da verliert sich eine Zeile Gesungenes in das Werk, aber insgesamt oder mindestens in den stärksten, dichtesten Passagen hört man vor lauter Tönen nichts. Wenn das unverhüllte Licht, wie die Sufis sagen, absolute Schwärze ist und die Erkenntnis der absoluten Existenz die Erkenntnis des absoluten Nichts, dann ist die reine Stille der absolute Krach. Nicht an die Apokalypse gemahnt *Arc,* wenn schon an ihr Danach oder das Davor der Schöpfung.

Ich gestehe, *Arc* noch nicht oft in voller Lautstärke und Länge gehört zu haben. Die Komposition erfordert einen Grad der Konzentration, den aufzubringen ich selten die Muße und Kraft habe. Das letzte Mal jedoch, als ich die CD aufgelegt habe, bin ich eingeschlafen. Es war hellichter Tag, ich lag auf dem Teppich meines Arbeitszimmers, den dicken Sennheiser auf den gespitzten Ohren. Ich fühlte mich ausgeruht, körperlich und geistig bei Kräften, keineswegs müde, und bin dennoch eingeschlafen. Nicht daß der Lautstärkeregler nach links gerutscht wäre: Das nicht abhebende Überschallflugzeug mag zur Versinnbildlichung der musikalischen Botschaft nicht taugen, aber als Hinweis auf die Dezibelzahl, die ich meinen Ohren zumutete, bietet es durchaus einen Anhalt: Ich rechnete jede Sekunde damit, daß mein Trommelfell platzen würde. Und doch hat mir die Musik eine Ruhe beschert, von der Esoterikplatten nur träumen können. Ich merkte, wie nach und nach alle Gedanken verschwanden, sich alle Bilder verflüchtigten, alle Gefühle aufhörten, ich nahm wahr, daß ein Gegenstand nach dem anderen mein Bewußtsein verließ und nur der nackte Sound zweier elektrischer Gitarren, einer Baßgitarre und eines Schlagzeuges, die Essenz des Rock 'n' Roll übrigblieb, ich spürte, wie ich mich von allem Festen löste, wie ich leer wurde, bis ich am Ende bloß noch die Leere spürte. Daß die Klänge von *Arc* nichts bedeuten, ist ihr Geheimnis: Nach dem Erleben des Mystikers wurde Dschunaid gefragt. »Die Farbe seines ursprünglichen Zustandes ist die Farbe des Wassers«, antwortete er. Dieser Zustand der gefühllosen Empfindung aber ist vermutlich der entspannteste, der einem Mensch zuteil werden kann; womöglich nimmt er den Tod voraus. So nickte ich ein.

Ich erwachte mit dem ersten Beat. Gegen Ende von *Arc* steht für kurze Zeit ein echter Beat. Obwohl auf zwei, drei Noten reduziert, ist es doch erkennbar das Gerüst von *Tonight's The Night,* das sich aus dem Tumult erhebt, mithin ein richtig anständiger, treibender Beat. Sonst ist zunächst nichts zu hören, nur die beiden elektrischen Gitarren flimmern hier und da am Horizont auf und verlöschen wieder. Physisch bewertet, ist es die mit Abstand ruhigste Passage von *Arc,* die einzige, die im herkömmlichen Sinne nach Musik klingt. Und ich erwachte. Ein paar Sekunden brauchte ich, um mich zu orientieren, dann unterschied ich konkrete Klänge, identifizierte den Rhythmus, assoziierte Formen und Bilder, der Gedankenstrom setzte ein. Die Zeitspanne, in der ich mich im Raum wiederfand, glich genau dem, was Neil Young beschrieben hatte: Ich will nicht von Angst sprechen, aber irritierend war sie schon, »die Erkenntnis, daß man sich vollkommen wohl fühlt ... in dieser Leere«. Und dieser Schock brachte mich in die Realität zurück. *Arc* geht noch ein paar Minuten weiter. So jäh, wie er begonnen hat, wird der Beat von massiven Rückkopplungen abgelöst, aber für mich war das Erleben vorbei, oder besser gesagt: Ich konnte mich nicht davon losreißen, das Erlebte zu reflektieren. Ich hatte die Gegenwart verlassen.

Daß *Arc* gleich dem Wasser durchsichtig ist, hat sich mir bei einer anderen Gelegenheit bestätigt. Ich fuhr in einer Freitagnacht durch Köln, um meine Nichte und ihre Freundin von einer Fete abzuholen, und hatte die CD aufgelegt, so laut wie immer, wenn ich mit Neil Young allein bin. Alles verwandelte sich. Die Straßen, die Lichter, die Passanten, die beleuchtete und später die dunkle Autobahn, alles wurde zu einer Computersimulation, die Realität schien sich ausschließlich aus beweglichen elektronischen Signalen zusammenzusetzen – ich kam mir vor wie in einem Sciencefiction, zu dem *Arc* die Filmmusik war. Es war dieselbe CD, die ich, im Arbeitszimmer liegend, mit geschlossenen Augen gehört hatte, und gleichzeitig eine völlig andere Musik. Dieses Mal trug sie Informationen, war jeder Klang konkret, entstanden Bilder, Stimmungen und Gedanken wie auf einem Trip, aus dem ich mich erst befreien konnte, als ich an die Seite fuhr, das Autoradio ausschaltete und mich zur Besinnung zwang. Die Bilder, Stimmungen und Gedanken sind nicht in *Arc* verborgen, sondern in der Wirklichkeit, die ich sah und deren Farbe die Musik annahm und sichtbar machte.

Den Laptop vor mir auf dem Klapptisch, sitze ich unter südlichen Sternen. Die Bücher, die Kopien, die CDs, den Discman, alles hatte ich mitgenommen, um im Urlaub diesen Text zum Abschluß zu bringen. Unmittelbar vor dem Abflug hatte ich meinen Job geschmissen, weil der Vorgesetzte es mir gegenüber an Höflichkeit hatte fehlen lassen. Die Voraussetzungen, mich Neil Young zu überlassen, hätten günstiger also nicht sein können. Dennoch gelang es mir nicht, aus meinem Laptop mehr als ein paar Zeilen zu pressen. Das Gelb, dieses und jenes Blau und auch das des Meeres, das Weiß der Häuser und Rot der Dächer, das Salz in der Luft, die vielen zankenden und sich wieder vertragenden Kinder, sie fesselten mich in eine Natürlichkeit, die zu behaglich war, um noch etwas für die Sehnsucht Neil Youngs übrig zu haben. Aber heute abend habe ich das Bedürfnis empfunden, die Geräusche der Feiernden zu protokollieren. Von unserer eigenen Terrasse hallen das Gitarrenspiel, der Gesang und das rhythmische Klatschen der einheimischen Freunde herüber, die meinen Bruder – den Fußballbruder, nicht jenen bereits eingeführten Esoteriker – heute abend besuchen. Beide Brüder jaulen, die

Schwägerin kreischt, alle Kinder sind glücklich. Vom Campingplatz trägt der Wind zu mir auf die hintere Terrasse ein Lied, das uns Staubkörner im Wind nennt. Wahrscheinlich macht auch das Meer Geräusche, aber das Babyphone ist ausgefallen. Mit den paar Zeilen aus *Round & Round,* die ich auswendig beherrsche, habe ich meine Tochter in den Schlaf gewiegt und die Gelegenheit zu einem Abgang genutzt, der längst aufgefallen und von meiner Frau entschuldigt worden sein dürfte. Mittlerweile kreischt man auch auf dem Campingplatz, auf dem immerhin nicht mehr vom Wind die Rede ist. Ich stehe auf und lege *Campaigner* in den Discman. Das Lied hätte ich aufnehmen und der Kündigung beilegen sollen, es hätte den Vorgesetzten und mich zu besseren, milderen Menschen gemacht, denke ich noch, bevor ich auf die Repeat-Taste drücke. Ich hätte dem Autoverkäufer damals sagen sollen, daß ich die Rasur ebenfalls nicht vertrage. Wo doch selbst Richard Nixon Seele hat:

I am a lonely visitor
I came too late to cause a stir
Though I campaigned all my life towards that
goal.
I hardly slept the night you wept (?)
Our secret's save and still well kept (?)
Where even Richard Nixon has got soul,
Even Richard Nixon has got soul.

Wenn meine Tochter auf meiner Brust liegt, spüre ich ihr Herz pochen. Sie bettet ihren Kopf auf das Polster am Ausgang meiner Schulter und wendet den Kopf so, daß wir uns in die Augen sehen, woraufhin ihre Lider langsam wie zwei Ertrinkende auf den Grund sinken, in immer längeren Abständen hochschnellen, bevor sie mir glauben, daß ich immer für sie dasein werde, ewig. An manchen Tagen fährt sie mir sanft über die Wange, als streichele sie mich, vielleicht tut sie es. An ihrem Atem merke ich, daß sie schließlich eingeschlafen ist, er wird schwer und schwerer und haucht an manchen Tagen ein kaum vernehmbares Schnarchen aus. Wie klein sie noch ist: Das bißchen Luft, das durch ihre Nasenlöcher paßt, füllt ihren Körper beinah aus. Auf und nieder schwankt ihr Leib, derweil die eine Hand sich in den Spalt zwischen meinem Oberarm und meinem Brustkorb, die andere sich in meinen Hals gegraben hat, zwei Anker. Ich höre zu summen auf und spüre meine Tochter leben.

Daß ich Kinder haben wollte, wußte ich und hatte es schon fast vergessen. Daß es an der Zeit ist, entdeckte ich an einem deutschen Sommertag. Mein Fußballbruder und ich besuchten meinen Vater, der ein paar Tage zuvor am Herzen operiert worden war, eine schwere und gefährliche Operation, die er gut überstanden zu haben schien, so daß er bereits die Intensivstation verlassen hatte. Während der Operation waren meine Mutter und ich durch den Kurort gelaufen, in dem die Herzklinik liegt, jeder dem anderen Mut spendend, beide betend zu Gott, dessen Nähe ich verlangte, um die ich flehte. Zum angegebenen Zeitpunkt waren wir zur Klinik zurückgekehrt, hatten an der Pforte geklingelt, es hatte geraschelt, eine Frauenstimme hatte sich gemeldet, ich hatte ihr unser Anliegen erklärt, sie hatte uns kurz warten geheißen, wir hatten es wieder rascheln hören, dann hatten wir nichts vernommen und dann einen Pfleger, der uns mitteilte, daß die Operation gut verlaufen sei. Ich hätte die Sprechanlage der Klinik, den Kreis aus Punkten auf dem Stahl umarmen mögen. Mein Bruder und ich fanden die Tür zum Zimmer meines Vaters offen, doch kein Bett darin. Wir eilten zum Schwesternzimmer und erfuhren, daß mein Vater auf dem Boden seines Zimmers entdeckt und auf die Intensivstation verlegt worden sei. Glücklicherweise habe er nicht lange dort gelegen, eine Schwester, die zufällig über den Flur lief, habe ein merkwürdiges Geräusch, ein gepreßtes Stöhnen vernommen und rasch die Zimmertür geöffnet. Wir rannten die paar Meter zur Intensivstation, klingelten, warteten endlose Sekunden, bis jemand die Tür öffnete, nannten unseren Namen und wurden sofort hinter einen Paravent geführt, der in der Vorhalle der Station aufgestellt worden war. Dort lag er unter Schläuchen, umzingelt von blinkenden, piepsenden Apparaten. Am oberen Ende des Bettes hielt ein Arzt einen DIN-A4-großen Block in der Hand und wechselte leise, hektische Worte mit zwei Schwestern. Meine Mutter, die meinem Vater die Hand hielt, warf uns einen Blick zu, in dem *Helpless* geschrieben stand. Ich trat ans Bett. Mein Vater, der jede Schraube und jedes Marmeladenglas öffnen, der jähzornig werden und auch weinen, der niemals ermüden und selbst im Urlaub keine Minute stillsitzen konnte, mein stolzer, starker, ruheloser Vater war fahl geworden in diesem lächerlichen weißen Nachthemd, das man ihm angezogen hatte, obwohl es kaum die Knie bedeckte. Meine Mutter hatte sich wieder über ihn gebeugt, wiederholte inständig seinen Namen und streichelte ihn am ganzen Körper mit wilder Zärtlichkeit, wie ich sie zwischen den beiden nie gesehen hatte, nein, sie drückte und knebelte seine Haut, daß es mir angst machte. Da erst begriff ich, faßte seinen rasierten, von Einstichen punktierten, mit Kanülen bedeckten Unterarm und fror.

Hospitals have made him cry
But there's always a freeway in his eye
Though his beach got too crowded for a stroll.
Roads stretch out like healthy veins
And wild gift horses strain the reins
Where even Richard Nixon has got soul,
Even Richard Nixon has got soul.

Als mein Bruder und ich gegen Abend das Krankenhaus verließen, hatte mein Vater überlebt. Ein wenig Farbe war in sein Antlitz zurückgekehrt, ein wenig Wärme in seine Adern, ein wenig Leben vor seinem Tod. Er hatte uns beinah lächelnd zugenickt und sich einen stillen Schlaf schenken lassen. Nachdem ich meinen Bruder, den Fußballbruder, der Internist ist und den Tag erklären konnte, in seiner Neubausiedlung abgesetzt hatte, fiel ich in eine Trance, aus der ich erst hundert Kilometer später in den Armen meiner Frau erwachte. Ich weiß noch, daß wir in der Küchentür standen, ich kann mich an den weißen Küchentisch mit dem messingnen Stövchen erinnern und daran, daß Wachs auf das Holz gekleckert und getrocknet war, ich kann mich erinnern, wie ich mich selbst gefragt habe, weshalb mir die Wachsflecken auffielen, indes ich doch an meinen fahlen Vater dachte und endlich Rotz und Wasser heulte. Ich sagte meiner Frau nichts von der Erkenntnis, die sich einstellte, nachdem ich mir die Frage nach dem Wachs gestellt hatte, aber noch bevor ich dazu gekommen war, sie zu beantworten, der Erkenntnis also, die im Verlaufe einer zehntelsekundenwährenden Zeitlosigkeit zwischen zwei Gedankeneinheiten eintrat: daß meine Kinder einmal meinen Vater im Gedächtnis bewahren und deshalb bald zur Welt kommen mußten. Ich schuldete es ihm nicht weniger als ihnen.

Eines Tages hörte meine Tochter auf, Neil Young zu hören. Sie war müde und kratzbürstig. Ich spielte ihr *Pocahontas* vor, ohne sie zu besänftigen. Ich versuchte es mit dem *Borrowed Tune* und begriff, daß sie den ersten Schritt aus meiner Welt heraus getan hatte. Seitdem singe ich ihr die Lieder nur noch vor, immer wenn ich sie zu Bett bringe. Sie trinkt ihre Milch in meinem Arm, kuschelt anschließend ihren Kopf in die Kuhle zwischen meiner Schulter und meiner Wange, um sich von mir durchs Zimmer wiegen zu lassen.

Haben wir den Vorsprung erreicht, von dem aus sie allein in den Schlaf gleitet, lege ich sie hin. Bevor ich sie zurücklasse und an der Tür ihren letzten Blick empfange, beuge ich mich über das Gitter des Kinderbetts zu ihr herab, schmiege mich an ihren Kopf und flüstere in ihr Ohr, daß ich sie liebe oder ihr süße Träume wünsche, daß sie mir einen großen Tag beschert hat oder wir morgen wieder den *Sugar Mountain* besteigen.

Oh, to live on Sugar Mountain
With the barkers and the coloured balloons,
You can't be twenty on Sugar Mountain,
Though you're thinking that you're leaving there
too soon, you're leaving there too soon.

Später trete ich noch einmal ans Bett und sehe meine schlafende Tochter. Ich sehe Ohrenschmerzen und das Licht, das durch die blauen Vorhänge im Schlafzimmer meiner Eltern schimmert, ich sehe meine Eltern am Gitter meines Bettes stehen. Ich sehe mich dunkle Treppen bezwingen und ins Bett meiner Eltern legen, ich sehe meine Mutter »Küken« rufen und sie später lächelnd schimpfen, ich habe sie im Schlaf wieder getreten, ich sehe mich behaupten, sie habe getreten. Ich sehe meine Tochter an der Tür unseres Ferienhauses weinen und sie nach ihrem Großvater rufen, ich sehe meinen Vater im Auto sitzen, das ihn nach Hause bringt, ich sehe mich am Telefon ausmalen, wie sehr ihn seine Enkelin vermißt. Ich sehe die

Freude meines Vaters und seinen Schmerz. Ich sehe meinen Vater sterben und meine Tochter auf einer Intensivstation klingeln, ich sehe mich unter Schläuchen begraben und von Apparaten umzingelt. Ich sehe das Leben nicht halten, was es meiner Tochter verspricht. Ich sehe den Tod bezwungen von ihrem Kind.

Ich danke

Katajun Amirpur, Egon Ammann, Heinz Ludwig Arnold, Heiko Arntz, Björn Blaschke, Gerd & Tini Haffmans, Karl Schlamminger, Ulla Steffan, Manos Tsangaris, Rudolf Walter, dem Wissenschaftskolleg zu Berlin und Ayda Malak Kermani.

Bernd Dopp danke ich dafür, daß er diese Ausgabe ermöglicht hat.

Zitierte Literatur zu Neil Young

David Downing, *Neil Young. Ein Mann und seine Musik,* München 1995

Neil Young. Fakten, Artikel und Interviews aus dem Rolling Stone, St. Andrä-Wördern 1995

Johnny Rogan, *The Complete Guide to the Music of Neil Young,* London/New York/Sydney 1996

Johnny Rogan, *Rocking In The Free World. Die amerikanischen Jahre,* Augsburg 1996

Scott Young, *Neil and me,* Aktualisierte Neuauflage, Toronto 1997

Index der erwähnten Neil-Young-Alben

Index der erwähnten Songs